成都·成华历史人文丛书 街道卷

府青路

李松林 著

四川文艺出版社

图书在版编目（CIP）数据

府青路 / 李松林著. — 成都 ： 四川文艺出版社，
2020.7

（成都·成华历史人文丛书）

ISBN 978-7-5411-5712-7

Ⅰ.①府… Ⅱ.①李… Ⅲ.①城市道路—成都—通俗
读物 Ⅳ.①K927.11-49

中国版本图书馆CIP数据核字（2020）第099732号

FUQINGLU

府青路

李松林　著

出 品 人　张庆宁
责任编辑　柴子凡
封面设计　叶　茂
内文设计　叶　茂
责任校对　段　敏
责任印制　唐　茵

出版发行　四川文艺出版社（成都市槐树街2号）
网　　址　www.scwys.com
电　　话　028-86259287（发行部）　028-86259303（编辑部）
传　　真　028-86259306

邮购地址　成都市槐树街2号四川文艺出版社邮购部　610031
排　　版　四川胜翔数码印务设计有限公司
印　　刷　四川华龙印务有限公司
成品尺寸　157mm×235mm　　　　开　　本　16开
印　　张　12　　　　　　　　　　字　　数　180千
版　　次　2020年7月第一版　　　印　　次　2020年7月第一次印刷
书　　号　ISBN 978-7-5411-5712-7
定　　价　41.00元

总序

　　成华区作为成都历史上独立的行政区划，是从 1990 年开始的，它是一个非常年轻的区。但是成华这块土地，作为古老成都的一个重要组成区域，则有着悠久的历史与深厚的文化根基。

　　"成华"区名，是成都县与华阳县两个历史地理概念的合称，而成都与华阳很早就出现在古代典籍中。《山海经·大荒北经》中曾有"大荒之中，有山名曰成都载天"的记载，有学者据此认为，成都可能是远古时候的一个国名，或者是古族名。华阳之名也一样历史悠久，《尚书·禹贡》云："华阳黑水惟梁州。"梁州是上古的九州之一，包括今天川渝及陕滇黔的个别地方，华阳即华山之阳，是指华山以南地方。东晋常璩所撰写的西南地方历史著作《华阳国志》便以地名为书名。唐代开始，地处"华山之阳"的成都平原上便有了华阳县，也从此形成了成都市区二县共拥一城的格局。唐人李吉甫在地理名著《元和郡县图志》一书中，对成都与华阳作了更进一步的记载："成都县，本南夷蜀侯之所理也，秦惠王遣张仪、司马错定蜀，因筑城而郡县之。""华阳县，本汉广都县地，贞观十七年分蜀县置。乾元元年改为华阳县，华阳本蜀国之号，因以为名。"由此可见，成都与华阳历史之悠久，仅从行政区域角度看，成都从最初置县至今已有两千三百多年，而华阳置县从唐乾元元年（758）至今也有一千二百多年了。

　　不仅成华之名源远流长，具有丰富的人文内涵，成华这片土地更是积淀着厚重的历史与文化。可以说成华既是一部沉甸甸的史书，也是一首动人心魄的长诗。这里有纵贯全境且流淌着历史血液与透露着浓烈人文气息的沙河，有一万年前古人类使用过的石器，有堆积数千年文明的羊子山，有初建成都城挖土形成的北池，有浸透了汉赋韵律的驷马桥，有塞北雄浑的穹顶式和陵，有闻名宇内的川西第一禅林，有道家留下的浪漫神话传说，有移民创造的客家文化，还有难忘的当代工业文明记忆，还有世界的宠儿大熊猫。

成华有叙述不尽的历史故事。

成华有百看不厌的人文风景。

成华的历史是悠久的巴蜀历史的一部分；成华土地上生长的文明是灿烂的巴蜀文明的重要组成部分。

为了把这耀眼的历史文化集中而清晰地展现给人们，同时也为后世保留一笔珍贵的精神财富，中共成华区委和成华区人民政府立足全区资源禀赋和现实基础，将组织编写并出版"成都·成华历史人文丛书"纳入"文化品牌塑造"工程的重要内容之一。由成华区委宣传部、成华区文联、成华区文旅体局、成华区地志办等单位牵头策划，并组织一批学者、作家共同完成这套丛书，包括综合卷与街道卷两大部分，共计二十册。其中综合卷六册，街道卷十四册。综合卷从宏观的视野述说沙河的过往，清理历史的遗迹，讲述客家的故事，描写熊猫的经历，抒写诗文的成华，回眸东郊工业文明的辉煌成就。街道卷则更多从细微处入手，集中挖掘与整理蕴藏在社区、在民间的历史文化片断。

历史潮流滚滚前行。成华作为日益国际化的成都主城区之一，随着城市化进程的深入推进，生活在成华本土的"原住民"和外来"移民"，更加渴望了解脚下这片土地，构建了积极的文化归宿。此次大规模地全面梳理、挖掘本土历史，并以人文地理散文的形式出版，在成华建区史上尚属首次。这既顺应了群众呼声、历史潮流，又充分展现了成华人的文化自觉和文化自信。

"成都·成华历史人文丛书"是成华人对成华悠久历史、深厚文化的一次深邃的打量，更是成华人献给自身脚下这片土地的一份深情与厚爱！

书籍记录岁月，照亮历史，传播文化。书籍是人类精神文明的载体，中华数千年的历史文化传承，书籍功莫大焉。如今，中国人民正在追求民族复兴的伟大梦想，通过书籍去回顾历史、展望未来，乃是实现这一复兴之梦的重要路径。

身在"华阳国"中的成华人，也有自己的梦。传承悠久的巴蜀文明，弘扬优秀的天府文化，正是我们的圆梦方式之一。

这便是出版"成都·成华历史人文丛书"的宗旨和意义之所在。

张义奇　蒋松谷

序

　　府青路，位于成都城区东北方向，本是浓缩了道路两端的地标名称，南端为府河，东北端便是东山五场之一的青龙场。1956年，府青路建成，因一号桥连接1954年新形成的道路红星街，所以在20世纪60年代便改称这段道路为红星北路。

　　1958年，府青路街道办事处成立，原名为八里庄街道办事处。到了80年代初，红星北路恢复旧名，改称府青路。并分别以一、二环路为界，将府青路分为一、二、三段。一段从红星桥至一环路，跨曹家巷、马鞍东路；二段自一环路北四段和东一段的府青立交桥起，至二环路刃具立交桥，横跨府青路沙河大桥；三段南起刃具立交，北抵八里庄路和驷马桥路交会处。

　　1981年，八里庄街道办事处更名为府青路街道办事处，隶属成都市东城区，驻地在府青巷四号。1990年10月，成华区成立后，府青路街道办事处，东以府青路为界，与桃蹊路街道接壤；南与金牛区曹家巷街道相邻；西与金牛区驷马桥街道同界；北与二仙桥街道相接连，下辖府青、八里庄、李家沱等社区，面积近三平方千米。

　　2019年12月25日，成都市政府同意成华区调整部分街道行政区划的批复，撤销桃蹊路街道和建设路街道，将原桃蹊路街道桃源社区、桃蹊社区、怡福社区、文德社区所属行政区域划归府青路街道管辖。街道办事处驻双建路七十号。

　　从此，府青路街道东以现府青路街道办事处与二仙桥街道办事处边界线、八里庄路北侧沿石、府青路二段、府青路三段东侧沿石为界；南以一环路北四段北侧沿石为界；西以三友路东侧沿石、沙河东侧河堤为界；北以青龙街道界为界。

　　自 20 世纪 50 年代起，府青路街道便作为成都东郊工业基地重要的一环，一直书写着成都工业文明史上的辉煌篇章。1952 年 7 月，成渝铁路开通，一批批东郊创业者随之而来，他们用辛勤的汗水和满腔的热血，唤醒了东郊这片沉睡的土地，使之开出璀璨夺目的成都工业之花。1958 年，随着位于今天成都中环路八里庄路段附近的货运站场建成，1961 年由原成都站正式划出，新设成都东站，府青路区域在工业建设中发挥的作用愈加重要。

　　得益于铁道交通运输之便，府青路两旁分布着大量工厂、企业、仓库以及批发市场。工厂企业相连，成都冶金实验厂、前锋无线电厂、成都轴承厂、成都机床厂、成都肉联厂、四川粮油食品进出口公司冷藏加工厂、量具刃具厂宿舍区等都在这里。与此同时，在半个多世纪时间里，府青路街道也曾一直是许多仓库和批发市场的集中地，驷马桥果品食杂批发市场、八里庄粮食批发市场、五一二建材市场等规模之大，位列全国前茅，对成都乃至整个四川地区的民生，都起到了举足轻重的作用。每天，来自全国各地的货物，通过铁轨被运载到这里，又立即被发往成都市区及周边区域。在商品统一分配的年代，这里一度是千家万户温饱和幸福的承载地，也是促进四川进行"四化"建设、经济发展的根据地。

　　那些颇具时代感的幸福和甜蜜，在这里开花结果。当年，在嘹亮的火车汽笛与高耸的工厂烟囱交织的背景下，各个工厂宿舍区的"小社会"

如野草般生长。在国有企业雄厚实力庇护下的万千工人及家属的幸福和甜蜜，一度令世人羡慕和向往。

然而，历史的巨轮滚滚向前，转眼便沧海桑田。自从"北改"开启以后，这里曾经辉煌的工业时代，也悄然落下帷幕。城市的建设发展需求，使府青路重新站在新的历史起点。随着一批批老厂搬离，府青路进行了艰难的脱胎换骨，最终获得了新生。

曾经一度拥堵破烂的道路，经过合理规划改造，重新变得光鲜亮丽，井然有序；在曾经老旧的厂房和批发市场所在地，一座座崭新的楼厦拔地而起，成为新的地标；八里庄斑驳老旧的红砖仓库，被改建成现代文创基地；在前锋老厂区建造的"财富又一城"城市综合体，使百姓安居与经济发展相辅相成。

驷马桥头，司马长卿"驷马高车"言犹在耳；府青路边，工人们艰苦奋斗精神永存；沙河沿岸，绿色文明建设成就斐然。这些都汇聚在一起，构成了府青路文化的底蕴和前进的动力。

成都市成华区府青路街道示意图

（截至2019年10月）

青 龙 街 道 办 事 处

双 水 碾 街 道 办 事 处

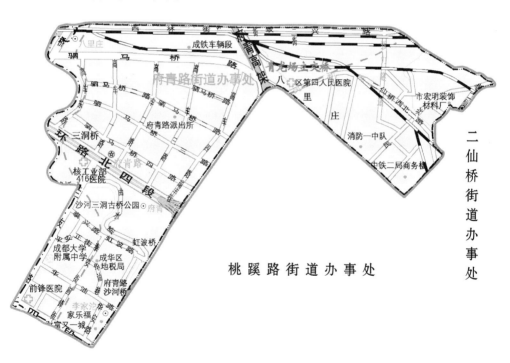

二 仙 桥 街 道 办 事 处

桃 蹊 路 街 道 办 事 处

猛 追 湾 街 道 办 事 处

目录

名人逸事

后记

历史与传说

沸腾的生活冷却了，就凝固成为历史。历史可以是物质形态，也可以是一种传统、一首诗歌、一曲民谣、一段故事或一个传说。

　　拨开历史烟尘，总能找到一些故事与传说，虽历经沧桑，却历久弥新。在没有电视、没有手机和互联网的漫长年月，成华老百姓在茶余饭后，总得要找点谈资，和街坊邻居坐下来，喝一盏茶，摆一阵龙门阵，解去一天劳乏，从而安心入眠。于是，这些街头巷尾的传说，便成了我们搜索考证历史的主要资源。

大唐记忆逝如烟

沙河，起自成都北郊洞子口，蜿蜒流向东南，经驷马桥向东，穿越东郊腹地，而后逐渐转向西南，于成都东南近郊注入府河。沙河在流经李家沱一带时，拐了个大弯，如同一条柔软的胳膊，将三洞古桥公园拥抱在臂弯里。

曾居住在李家沱附近的老工人袁大爷说，由于李家沱地势平缓，因此河水裹带的泥沙淤积严重，每逢雨量充沛，洪水汹涌，便会漫过堤岸，殃及田地人家。于是，前人便在今三洞古桥北面凿河分流，至公园南边重新汇入沙河，以解水患。袁大爷说："具体什么年代开凿，也说不清楚，自我省事起，就已经很难找到相关痕迹了。"

这种凿道疏浚的治水方式，传说在上古大禹时代就已广泛应用。

随着当地人口增长，农业发展，开渠引水，灌溉农田，沙河流量大减，李家沱作为分流渠道的作用明显降低，日渐废弃。1954年至1957年间，"十万大军治沙河"，经改造、扩建并整修后的沙河，面貌焕然一新。到2001年重新治理沙河时，修筑堤岸，并修建了护岸防洪的道路。至此，曾经的人工分流渠道已彻底无迹可寻，但李家沱的名字却流传了下来。

随驾官军驻扎地

李家沱社区，位于古三洞桥沙河流域以南，一环路北四段以北，西靠三友路，与金牛区交界，东临沙河与府青路二段，区域面积六千平方米，是一处风景优美、安静祥和的市井港湾。

现实中的李家沱，风景怡人，恬静而淡然，但有关它的传说，则可以追溯到更为久远的年代。相传，"安史之乱"爆发后，唐玄宗李隆基入蜀避乱，将位于今玉皇观街的节度使一使院改建为行宫，在此驻跸了一年又六个月。据说，随驾御林军就驻扎在如今李家沱一带，与守城军士互为掎角，拱卫行宫。到了晚唐，唐僖宗李儇为了躲避黄巢起义，又逃到成都，其间曾驻跸昭觉寺，随驾御林军再次扎寨李家沱旧营。

对此，袁大爷言之凿凿："李是唐朝的国姓。李家沱的李家，指的就是唐朝两位李姓皇帝。他们逃难到成都时，这里曾经是皇帝的军营。"

这个故事，让我兴致盎然。然而，当决定要进一步挖掘时，却失望而归。我走访了整个李家沱，但所知者寥寥，大多仅知有此渊源而已，却也不敢确定。由于相关史料缺乏，不敢妄断，唯有根据现有资料进行推测。

飘沦行宫寂寞时

唐天宝十四年（755）十一月，范阳节度使安禄山见朝廷承平日久，防务废弛，于是反叛，带兵杀向长安，朝野震动。次年（也就是至德元年）五月，唐玄宗带领官兵共一千三百余人逃出长安，在马嵬坡缢杀杨贵妃，于六月下旬抵达成都。

三天后，玄宗皇帝在成都大城蜀郡衙颁写诏书，大赦天下。由此可知，当时皇帝暂时驻跸蜀郡衙内，并无行宫。当时所谓"成都大城"其实并不大，东门城墙在如今暑袜北街附近。再往东走，就是城外了。玄宗皇帝驻跸的蜀郡衙，据考证在当今正府街一带。但这只是暂住，不能算是行宫，更不能让皇帝在郡衙长期居住下去。

当然，兵荒马乱中逃来，不可能有行宫事先建好。以目前所见资料来看，最早提到玄宗成都行宫的，除了杜甫，还有前蜀画家、诗僧贯休。贯休《读玄宗幸蜀记》一诗有云"及溜飘沦日，行宫寂寞时"，可知成都确实有行宫存在。之后，司马光在《资治通鉴》卷二百二十四又提到行宫："玄宗之离蜀也，以所居行宫为道士观，仍铸金为真容。英乂爱其竹树茂美，奏为军营，因徙去真容，自居之。"

英乂，即剑南节度使郭英乂。其实，这座行宫并非新建，原来早在唐玄宗来成都之前几年就有了。那时，这里是剑南节度使鲜于仲通修建的使院。《旧唐书》卷一百一十七《列传第六十七》记载："初，天宝中，剑南节度使鲜于仲通尝建一使院，院宇甚华丽。及玄宗幸蜀，尝居之。因为道观，兼写玄宗真容，置之正室。"

这里的"写真容"，不是画肖像，乃是"铸金为真容"。所谓"铸金"，据考实为用金银铜铁五金铸造的大型立体肖像。这座大型雕像，在由行宫改建的道观正殿上供奉了九年以后，被时任节度使郭英乂移置到大慈寺里面去了。因为道观已被征用为军营，再放置在那里，就显得"不敬"。

玄宗皇帝于至德元年（756）六月抵达成都，至德二年（757）十二月离开，在这座行宫里顶多居住了一年半。回驾长安后，成都行宫就奉命改建为道观了。此后，玄宗退位，被尊奉为"太上皇"。这座由行宫改建的道观，取名为上皇观。《全唐诗》卷五百零六收录了中唐诗人章孝标在成都作的诗《题上皇观》：

> 烟霞星盖七星坛，想像先朝驻禁銮。
> 辇路已平栽药地，皇风犹在步虚寒。
> 楼台瑞气晴萧索，杉桧龙身老屈蟠。
> 翻感惠休并李郭，剑门空处望长安。

据诗中所见，行宫楼台杉桧仍存，步虚坛上皇风犹在，尚能像当初辇路銮车往来之状，可知为时未久。道观取名上皇，指的就是太上皇，就是为了纪念在这里居住过一年半的玄宗皇帝，让后人勿忘这里曾经是行宫。这样说来，上皇观是其初名了。行宫改建成道观，工期有数月之久，待到竣工，取名为上皇观，已经是至德三年（758）了。章孝标作《题上皇观》诗，并没有标明哪年，但是可以肯定是在至德三年以后。

上皇观仅仅维持了八年时间，到永泰元年（765），就被改建为军营了。不过，名义上为军营，其实是郭英乂"自居之"。居住未满一年，郭英乂就以谋反罪被诛杀。新任节度使杜鸿渐改建军营为佛寺，取名为永泰寺，因为时在永泰二年（766）。永泰寺维持了八十年之久，到了会昌五年（845），在由武宗皇帝发起的大规模拆毁佛寺和强迫僧尼还俗的灭佛运动中，永泰寺被毁。不久，武宗皇帝驾崩，新即位的宣宗皇帝，撤销灭佛令，永泰寺又恢复为佛寺，改名为圣兴寺。黄巢义军攻破潼关后，僖宗皇帝也曾驻跸圣兴寺一段时间。圣兴寺维持了约五十年，到了前蜀王建永平年间（911—915），再次被废，改为军营。不到十年，王建薨，王衍即位，又改军营为道观。

此时唐朝已经灭亡，此观不能再叫上皇观了，更名为兴圣观。从前的圣兴寺，圣指唐玄宗（大圣慈寺的圣亦然）；而今的兴圣观，圣则指王衍了。在一百六十余年间，变易了八次，其间两度变作军营，这是有缘故的，因为当初唐玄宗率领一千三百余人逃到成都，除少数官员外，大多数为军人，这些随驾军人肩负拱卫重任，必须驻扎在行宫附近，由此形成了固定军事用地。等到这些军人随驾走了，军营用地自然另有军人入驻。驻军数量增加，一旦嫌窄，便要打上皇观的主意。所以剑南节度使郭英乂侵夺上皇观，弄来"自居之"。

要弄清楚行宫旧址究竟在何处，必须先搞明白王衍在其旧址上改建的兴圣观在哪个位置。但根据现有资料，实在难以论断，倒是机缘巧合地在《全蜀艺文志》卷三十八中查到了圣兴寺的位置，书中引宋代李大临《圣兴寺护净门屋记》云："成都府城之东偏，有寺曰圣兴，御史大夫王公某之宅也。"

宋代御史大夫王承俊宅院，就在圣兴寺的位置，在"成都府城之东偏"。从成都历代区域图可见，宋代成都城，是以晚唐高骈所筑府城为基础的，与之前的"成都大城"相比，已经朝北和东两个方向大大地扩展开去。从前远在东郊外的大慈寺和行宫旧址上改建的圣兴寺，经过扩展之后，都已经围入城池之内了，只不过行宫位置"东偏"而已。因此可以推测，行宫旧址应在当今玉皇观街北原有的玉皇观附近，王炎和王文才两位先生在合著的《蜀梼杌校笺》一书中推测圣兴寺"在大慈寺之北"。难怪玉皇观周围，包括昭忠祠街、�“华寺街、城隍庙街东较场一带，到清代仍旧是军事用地。不仅如此，玉皇观在抗战时期也是国民政府四川省军管区司令部的所在地，更何况那里至今还是军用地呢！

流沙河在《唐玄宗成都行宫推测》一文中说："我猜想玉皇观之名，或许是从上皇观承袭而来的，改上字为玉字罢了。"[①]而玉皇观街距李家沱不足三千米，唐明皇若屯兵于此，似乎也说得通。

军容再向蚕丛狩

历史总是惊人地相似。

唐懿宗咸通十四年（873），年仅十二岁的皇子李儇，在宦官的拥护下登上皇位，是为唐僖宗。僖宗在位期间，负责打理朝政的都是些有权有势的宦官。其中，陪伴皇帝长大的"阿父"——宦官田令孜独揽大权。朝廷有什么事情，都由田令孜负责处理。唐僖宗自然也就不用操心国政，自己放开去玩耍，骑射、音律、赌博、蹴鞠、斗鸡、马球等，样样精通。

---

① 流沙河：《唐玄宗成都行宫推测》，《文史杂志》，2011年第4期，第5页。

　　然而好景不长，广明元年（880）十二月，私盐贩子黄巢带领义军，一举攻陷了潼关，长安危在旦夕。次年正月，步玄宗后尘，僖宗皇帝同平章事萧遘、宰相田令孜、太子少师崔安潜一行，逃难到了成都。《资治通鉴》卷二百五十四记载：

　　"春，正月，车驾发兴元。……辛未，上至绵州，东川节度使杨师立谒见。壬申，以工部侍郎、判度支萧遘同平章事。

　　"群臣追从车驾者稍稍集成都，南北司朝者近二百人。诸道及四夷贡献不绝，蜀中府库充实，与京师无异。赏赐不乏，士卒欣悦。"

　　唐僖宗离开绵阳，经过新都，进入成都，昭觉寺就在新都进入成都的必经之路上。据说，当时唐僖宗曾把行宫设在新都宝光寺。寺中七佛殿前廊柱下，至今还有两个当年行宫露台的柱础。《重修宝光寺浮图记》载："唐僖宗幸蜀，舍利放光，掘出石函，有如来舍利十三颗，莹彻明洞，不可方物。乃召悟达国师为建浮图，高十三级，以精蓝名曰宝光。"

　　随驾的崔安潜，是时任昭觉寺住持了觉禅师的俗家弟子。当僖宗、崔安潜等君臣一行逃难到此，了觉禅师接待了他们。据北宋文人李畋《重修昭觉寺记》记载，乾符五年（878），时任剑南节度使的崔安潜，特意奏请将建元寺更名为昭觉寺，意为"以其昭昭使人昭，以其先觉觉后觉"。此时，站在昭觉寺前，面对不久前自己赐予的门额，看着出迎的了觉禅师身上披着一袭本人所赐的紫色袈裟，僖宗不知会有怎样的感慨？而此次逃难而至的崔安潜，望着自己的师父，又该是怎样的心情？

　　当年，崔安潜在任时，纠正前任节度使高骈的酷政，诛杀奸吏，为政清廉。《新唐书》卷一百一十四《列传第三十九》："俄代高骈领西川节度。吏倚骈为奸利者，安潜皆诛之，数更除缪政，于是盗贼衰，蜀民以安。宰相卢携素厚骈，乃诬以罪，罢为太子宾客，分司东都。"

因为这次罢免，才有了广明元年唐僖宗以赌马球而选崔安潜的继任者，从而闹下笑话。回到长安不久后，崔安潜即随唐僖宗逃蜀，并在路上改任太子少师。

僖宗皇帝在昭觉寺驻跸了一段时间，便继续向成都进发。他在成都很多地方都待过，在青羊宫待过，也在圣兴寺住过一段时间，也不知道他是否领会到其中蕴含的历史讽刺意味。四川的安逸生活，似乎让他都忘记了自己是个正在躲避国难的皇帝了。他在这里待了整整四年，比唐玄宗还要多两年半时间。

僖宗在成都的四年光阴，悠闲而雅致，少不了去大慈寺拜佛祈福，欣赏祖上题字。跟随僖宗逃难大军而来的似乎还有一批艺术家，如李畋所记的孙位、张南本等。事实上，伴随玄宗、僖宗入蜀，大量的艺术家相继入川，并在寺庙留下众多的艺术作品，以致四川成都一度成为全国佛像壁画创作的中心。这在昭觉寺和大慈寺，都有具体的体现。

相传僖宗皇帝尚在昭觉寺时，部分随驾官兵就驻扎在马鞍山下李家沱一带旧营；在僖宗驻跸圣兴寺期间，随驾官兵以及剑南节度使陈敬瑄派出的护驾蜀军，都拱卫驻扎在附近军营。

年方二十岁的唐僖宗，依然沿用在长安的做派，把处理朝政的大权交给了感情深厚的"阿父"田令孜，自己只需在拟好的诏书上盖上天子玉玺。田令孜在长安执政时就独断专行，卖官鬻爵，任人唯亲，对付政敌下手狠毒，不出长安城却也搞得天下不宁，为王仙芝、黄巢起义的爆发投下了最后一根火把。现在不得已逃到了成都，仍然不思悔改，执政风格依然不变，仗着陈敬瑄的鼎力支持，他处理朝政时就更加唯我独尊，肆意妄为。

很快，僖宗入蜀后的第一场变乱就在眼皮子底下爆发了。《新唐书》卷二百八《列传第一百三十三》记载："初，成都募陈许兵三千，服黄帽，名'黄头军'，以捍蛮。帝至，大劳将士，扈从者已赐，而不及黄头军，皆窃怨令孜。"

田令孜心里雪亮，便择日召集蜀军将领宴饮。宴会上，所用酒杯皆由黄金制成。喝完了酒，田令孜很豪爽地将这些金杯赏给蜀军将领。大部分蜀军将领倒也识趣，很痛快地收下了。不过，有一位叫郭琪的将领偏不识趣，坚辞不受，还趁机抱怨朝廷厚此薄彼地对待护驾的军队和蜀军。田令孜毫不相让，反问郭琪有什么功劳，胆敢如此讲话。没想到郭琪如数家珍地列举自己的赫赫战功，让田令孜一时无话可说。田令孜见他如此强硬，便亲自给郭琪斟了一杯酒，郭琪再也不好拒绝，只得喝下。

郭琪深知其中的缘由，飞奔回家，杀死一名婢女，"吮血得解"，方才保住了性命。郭琪明白对方不会放过自己，就率领部下攻向了唐僖宗、田令孜一行人。陈敬瑄当机立断，派出军队进行反击，郭琪寡不敌众，发泄完怨气后，便逃出了成都，用计诈死，避开了官府的追击。

郭琪造反，虽没有成功，却令田令孜昼夜难安。唐僖宗躲过一劫，有惊无险，从此对田令孜和陈敬瑄更加信任，有事就先跟田令孜商量，对外臣反而益加疏远。于是按照皇帝旨意，随驾官兵都入城驻扎，而蜀军基本都只能移营城郊了。

左拾遗孟昭图上疏极陈："君与臣一体相成……陛下惟与令孜闭城自守，不召宰相，不谋群臣，欲入不得，求对不许……"，奏疏被田令孜藏了起来，最后将孟昭图沉入水中。

田令孜一平郭琪之乱，二杀耿直的孟昭图，成都的蜀军和大臣从此以后彻底服气了，田令孜用强权压制住了反对的力量，暂时保住了僖宗的皇位。但唐僖宗重用田令孜，国势再未振作，日渐走向了末路。

中和四年（884），当武宁节度使时溥把黄巢的人头和姬妾送到成都时，唐僖宗终于准备还驾长安。鉴于京师久经战火，难免凋敝破败，于是僖宗皇帝决定先派人回去重建宫城。直到次年正月，僖宗才启程，踏上返回长安的征途。

田令孜、陈敬瑄终究没能逃脱历史的惩罚。唐昭宗景福二年（893）夏天，陈敬瑄的养子王建诬告陈敬瑄、田令孜"谋反"，在新津将陈敬瑄斩首，并在成都将田令孜缢死。

安宁祥和如世外

大唐风云逐渐远去，李家沱恢复了曾经的静谧和安详。明清两朝，成都的城墙终于抵达李家沱附近。李家沱作为城北的要道，在许多年里人烟辏集，囷仓充盈。虽然时代变迁，但李家沱的名字却流传了下来。

新中国成立后，这里一度成为成都东郊工业文明的重地。曾经饴糖厂的宿舍区，斑驳的石灰墙面无声地诉说着它的历史。在物质并不丰富的20世纪50年代，饴糖厂几乎承包了整个成都的饴糖、葡萄糖等糖类食品，给那个年代孩子们的童年带去欢乐。随之建立起来的宿舍区和职工幼儿园，平日里不乏鲜活的生活气息。隔壁川旅厂宿舍以及不远处四川省电子器材公司家属宿舍，虽然显得有些沧桑，但仍然坚挺地迎接时光的冲刷。

20世纪七八十年代，每到春、夏两季，李家沱便满是郁郁苍苍的绿意。风一吹，满街都是摇曳的法国梧桐，萧飒之声如同絮语轻歌。李家沱，就像一个藏于高楼大厦间的"世外桃源"，一个大隐隐于市的隐士，以自己的节奏舒缓生长。

20世纪90年代，中房集团开始开发李家沱片区，很多老成都人都搬进了平安苑、平景苑的新家。宜香茶坊所在的平安正街，短短几百米的街区囊括了军区大院、公交宿舍和省建行宿舍。毗邻沙河的泰兴路，堪称是李家沱的后花园，大家喜欢称之为茶坊一条街。地跨沙河两岸的三洞古桥公园，白天是孩子们溜旱冰的基地，一到夜幕降临，便成为了大爷大妈的舞场。

这里很多人，青少年时代的绝版记忆，都留在了李家沱。中房一幼、中房二幼、实验小学、成大附中，是李家沱人青少年时代的成长轨迹。毕业后，他们也许会回忆起这样的场景——日光洒在课桌上，窗外蝉噪鸟鸣，补不完的课，上不完的特长班，交织出不可复刻的生活；穿着成大附中红白、蓝白校服，骑自行车穿梭于梧桐密布的三友路，懵懂的少男少女们彼此交换着眼神，倾诉着各自的心事。

好望角、爱心文具、三友书刊，堪称当年中学生心目中三巨头；

如今只剩下三友书刊在平福路口延续着当年的辉煌。那时候，放了学会先去好望角买一个蛋烘糕，和小伙伴逛逛爱心文具，选选真彩、晨光的新款，最后从三友书刊带走一本《爱格》和《花火》。那些在水吧一条街喝奶茶、赶作业的时光，是青春时代明亮而温暖的日常琐碎。但随着店铺的更新换代，那些记忆也早已一去不复返了。

▲ 三友书刊　李松林摄

　　1998年，李家沱三友路158号开了成都第一家庄子村酒楼，成功勾起了那一代成都人关于家常川菜的味觉记忆。开了十多年的口味鲜面庄，陪伴着许多李家沱人走过少年和青年时代；回忆起第一次吃的时候，它还是二角五分钱一两。

　　君乐园烤鸭，与从青龙场开到成都的百年温鸭子，是平福路上的两家老字号鸭店。一冒一烤，带着浓郁的老成都风味，是李家沱人餐桌上不变的佳肴。

　　李家沱，留存着老成都恬淡的夜生活，桥头升腾着浓郁的烟火气，以及那些逝去的时代光影，都使它成为无数人向往和停泊的小港湾。

马鞍山前烈士墓

沿三友巷向西，便到了马鞍山路。马鞍山路26号（成都交警二分局旁），杉柏掩映之下，一排排烈士墓碑静矗其间，显得十分肃穆。

这里就是成都市马鞍山烈士陵园，建于20世纪50年代初，占地面积约六百五十平方米，主要建筑物有烈士纪念碑和烈士墓。此地安葬着原川西军区为解放和建设大西南献出生命的四十一名革命烈士。

2018年6月的一天，我顶着烈日，来到马鞍山烈士陵园。高大的杉树下面，掩映着灰砖围墙和红漆铁门。门口悬挂着一副对联：

戡暴乱，平叛逆，献身成仁，何惜热血谱春秋；
斗顽敌，诛匪枭，舍生忘死，为捍卫人民政权。

还未进门，就听见竹帚扫地的声音。一人挥舞笤帚，正在打扫地面和墓碑上的落叶。他就是这里的守陵人阮中明。

阮中明已年届半百，头发已经斑白，脸上的皱纹很深。他是马鞍山烈士陵园第二代守墓人。寒来暑往，他在这里已经工作了十三个春秋。2006年，阮中明从成都电器厂下岗后，通过社区介绍，来到马鞍山烈士陵园守墓。每天清晨，他从家中出发，步行十多分钟，来到烈士陵园，提起扫把，开始清扫地面和墓碑上的断枝、落叶和尘土。十三年来，无论天晴下雨，他都从未中断。

▲ 马鞍山烈士墓　李松林摄

方形墓碑，红五角星，显得庄严而肃穆，与墙外简陋喧嚣、尘土飞扬的马鞍山路迥然不同。陵园外围，历经岁月沧桑，住宅、街区已显得陈旧，因此虽然靠近闹市，却显得有些落寞。微风吹过，树叶飒飒作响，仿佛在低声诉说往昔铁马金戈的峥嵘岁月。

阮中明介绍说，据老一辈人讲，这座陵园最早在1950年就有了。当时由于匪患猖獗，剿匪形势严峻，因此川西军区刚成立不久，就投入剿匪斗争中。说起那段历史，阮中明神色顿时变得庄重起来。他说："除刘琍烈士以外，其余烈士都是在西南解放初期成都郊区龙潭寺、石板滩的剿匪斗争中牺牲的。"

根据史料记载，新中国成立之初，解放军在龙潭寺、石板滩一带共进行了两次剿匪斗争。

1949年秋，国民党派遣大批特务进入西南，勾结当地特务和反动势力，纠集大量散兵游勇，发动土匪游击战，攻城夺镇，抢劫物资，荼毒百姓，危害地方军政人员，企图推翻新政权。[①]

1950年1月末，大股土匪向驻石板滩解放军部队进攻，妄图夺取石板滩武器库枪械，而后向成都进攻。2月5日，土匪发动叛乱。解放军第一七八师政治部主任朱向离，带领警卫班路经龙潭寺即被土匪伏击，警卫班战士全部牺牲。随后，土匪趁势围攻石板滩达三昼夜，致使二十六名解放军战士牺牲。次日，这股土匪抢劫解放军驮粮队，并包围担任掩护任务的一个排。解放军一个连队到石板滩换防经过该地，亦遭土匪包围攻击，行动受阻。2月7日，解放军救援部队到达龙潭寺、石板滩，首先对匪徒进行劝降，劝降无效后采取军事围剿，一举歼匪二百八十余人。石板滩遂告解围。解放军干部、战士伤亡二十余人。

龙潭寺、石板滩第一次土匪叛乱被解放军平息后，匪首李干才、刘锡廷漏网，带领二十余名骨干分子，潜伏于黄土场刘家老院子，并派人分别到各地联络、收拢散匪，准备再次组织叛乱。另一匪首刘苍霖，也在笼络旧部，联系刘锡廷等人，谋划武装叛乱。

1950年4月，李干才命令石板滩的土匪于4月14日叛乱，龙潭寺、保和场等乡匪特约四百余人相继响应，围攻场镇。刘苍霖亦集中匪徒百余人参加了18日围攻镇子场武工队的行动，当夜被解放军增援部队击溃。19日，刘苍霖匪部在各乡开始戒严，封锁消息，按乡编成支队，再次发动武装叛乱，匪患蔓延十余乡，匪众多达四千余人。匪首

<hr />

① 高宗钰主编：《成都市志·军事志》，四川大学出版社，1997年，第241-242页。

李干才在围攻镇子场失败后逃回龙潭寺,因匪徒内部矛盾被杀。

李干才死后,刘苍霖被推举为"反共挺进军总指挥"。从4月21日起,该股匪徒在成渝公路公开抢劫解放军军车,同时围攻新都新店子武工队。龙潭寺股匪聚集于天回镇、磨盘山等地,企图攻击汽油库和洗劫天回镇。各股匪徒行动均遭解放军打击,先后失败。26日,匪首刘苍霖到龙潭寺召开紧急会议,决定孤注一掷,与解放军对抗到底。为保障社会秩序的安定,川西军区决定对该股匪徒进行会歼。

4月27日,剿匪部队各部从四面对石板滩匪徒发起进攻。至30日,战斗全部结束,共毙俘匪徒两千余人。至此,刘苍霖指挥的龙潭寺地区十余乡匪徒叛乱基本被平息。

到1950年9月中旬,川西全区比较大股的匪徒基本被肃清后,川西军区部队即分散到各地,展开驻剿,并组织和武装群众清剿漏网残匪,同时积极建立和巩固地方政权,帮助人民群众建立自卫武装。军民一心,合力清剿,截至1952年8月,成都地区的残匪基本被肃清,社会秩序趋于稳定。

按照阮中明的说法,安葬于马鞍山烈士陵园的这些烈士多是在1950年2月初至4月底平息成都郊区龙潭寺、石板滩土匪暴乱的战斗中牺牲的。根据史料记载,烈士所属的解放军原川西军区,成立于1950年2月8日。1952年10月1日,川西军区机关与川东军区合并,组成四川军区机构,所属各军分区归四川军区领导。川西军区番号正式撤销[1]。阮中明的说法,在时间对应上没有问题。

---

① 熊武一、周家法主编:《军事大辞海(上)》,长城出版社,2000年,第143页。

阮中明听老一辈人讲，在20世纪50年代，墓园旁边还是农田。"文化大革命"期间，刻有烈士姓名的墓碑悉数被毁。1986年，为褒扬烈士、教育后代，成都市西城区人民政府重修陵墓，并于1988年竣工。由于损毁严重，部分墓碑已经无法辨认，没有籍贯，没有事迹，没有生卒年月，便都标以"革命烈士"。只在纪念碑上刻下高义文、耿福堂、李森、向逢春、戴锦瑞等三十二位烈士的姓名。

就在1986年，烈士墓园迎来最后一位烈士刘琍。刘琍是一名飞行员，隶属中国人民解放军航空兵第八师二十三团，生于1960年，成都市西城区曹家巷人。1986年8月28日，在执行任务中，因飞机失事不幸在湖南零陵地区牺牲，年仅二十六岁。刘琍烈士的墓碑，也是墓区唯一一座刻有确切姓名的墓碑。每年清明节，他的战友都会来到这里，献上一束鲜花，寄托哀思。

2014年9月，政府再次对墓区进行修缮。每个墓前增添一座大理石墓碑，园内树木种类也从单纯的桉树，增加茶花、杉树等各类花木。

烈士的遗骸，被集中埋葬在这样一个安静的处所。他们当中，有些人已经和祖籍地失去了联络，很多年都没有亲属前来祭奠。阮中明透露，这里安放的英烈牺牲时都是青年，有的二十来岁，有的只有十几岁，"离家时年龄太小，还没有成婚，没有什么后人。因此，来寻亲的以亲友居多"。

近七十年来，很少有烈士亲属寻找到这些英烈。"十多年来，我在这里只遇到过三个家属前来探望，一位是戴锦瑞烈士的家属，另外一位是向逢春烈士的亲属，还有一个是李森烈士的侄女。"阮中明说。

2010年，烈士戴锦瑞的哥哥来到马鞍山烈士墓。为找弟弟，戴先生从家乡湖北出发，开始了长路漫漫的寻亲之旅。他找了很多年，终于获悉弟弟的音讯。他见到墓碑时说，这么多年没有音信，以前不知道在哪里，现在找到了，总算了却心愿了。言讫，老泪纵横，不能自已。

自从弟弟在新中国成立初期与家里失联，戴先生就一直寻找弟弟，一找就是几十年。他知道弟弟当兵，猜测多半已经牺牲了。之前，他去过上海，但寻访未果，没想到弟弟已经在成都安睡了这么久！

之后几乎每一年，高龄的戴先生都会在亲友的搀扶下，奔波千里来给弟弟扫墓，直到后来身体欠佳，才由儿子代劳。

另一位烈士亲属是四川凉山州人、向逢春烈士的侄女。她在2013年来陵园探访过。

2015年4月6日，来自南京市的李森烈士的侄女曾找到这里，并在每棵树上绑上一条小黄绫，以此寄托哀思，慰藉英灵。

阮中明每天的工作，除了清理打扫墓园，也要对来访人员做详细登记。值班室的一个工作本上，记录了从2012年至今的来访访客，每天多则七八人，少则一两人。

陵园里，树叶绿了黄，黄了又绿。2019年5月底，大风吹断了墓园中一棵大树，砸坏了其中一座墓碑。为避免类似事情再次发生，政府决定将园中所有大树都截了干。

阮中明透露，每年清明节是祭奠高峰，附近几个学校的学生和部分公司员工会来祭拜烈士。而平时更多的人只是路过好奇，真正带上鲜花专程前来祭奠的，只有那三位烈士家属和刘珂的战友。

铁路和工厂

1952年7月1日，嘹亮的火车汽笛声，打破巴山蜀水亘古的寂静，一列火车自东向西，徐徐驰入成都。行经之处，受到当地民众的热烈欢迎。

　　成渝铁路的开通，结束了四川没有铁路的历史。跟随铁路而来的一批批东郊创业者们，用辛勤汗水和满腔热血，让东郊这片荒地，开出了成都工业之花，造就了东郊一个时代的辉煌。

成都物流集散地

1952年7月，成渝铁路通车时，以驷马桥东边的老成都站作为中间站，货场设在老成都站东南端。1956年，开始新建货运站场，至1958年10月建成交付使用。站型为横列式一级二场编组站，称为枢纽站。

在之后很长时间里，这里都是成都最大的物流集散地。周围很多企业，都有自己的专属轨道，火车可以直接开进仓库。作为曾经的东郊老工业基地，火车东站可谓是成都的经济重心，一时风光无两。

货运中枢编组站

2018年夏天，我路过八里庄成都火车东站时，拆除工程已经结束。蔓草杂生的空地上，凌乱地停放着几台挖掘机，显得有些荒凉和落寞，却也仿佛在孕育着新的希望。

这里，曾经作为成都货物运输的枢纽站，辉煌了半个多世纪。如今已经完成使命，开始踏上新的征程。

20世纪50年代，随着成渝、宝成、成昆三条铁路建成通车，成都成为西南地区铁路运输的枢纽。枢纽范围以成都市区为中心，围绕北、东、南三面，北起宝成铁路的青白江站，东至成渝铁路的洪安乡站，南达成昆线的双流站。枢纽内有成都、成都东、成都南、沙河堡、青白江等十一个站，线路长达一百四十五千米。[①]

其中，成都站为主要客运站，成都东站是编组站、货运站。它们都是四川乃至整个西南地区的重要枢纽，是连接几个铁路中枢，办理各线路客货列车始发、终到、编组、中转，办理客货运输业务，办理机车、车辆检修、整备作业等的基地。

老成都东站，位于今天成都中环路八里庄路段附近，其前身，是成都车站货运室和运转室。成渝铁路通车时，以驷马桥东的老东站作中间站，有一股正线、三股站线。1956年，宝成铁路分段通车，开始新建站场。那时货场设在车站东南端，场地狭小，货物露天存放，已经严重制约物流需求，于是立项扩建。

到1958年10月，共建成十六股道，其中正线一股道，到发线六股道，调车线九股道，总有效线路近一万六千米，容车近一千四百辆。原到发线三、四线改为尽头线，另有调车机整备线和东头牵出线各一股。10月27日，建成交付使用，东站迁移新场。站型为横列式一级二场编组站，当时叫作"枢纽站"。年底，车站在站场东头修建土驼峰。编组站初具雏形。

随着"三线建设"上马和西南经济发展，成都东站运量大涨，日均办理车数激增。1966年，东站又进行改造扩建，年底股道增至二十八股，其中北到发场七股，调车场十六股，南到发场五股，为横列式一级三场编组站。1971年，铺成调车场十八道。1974年，对峰尾进行改造。1983年，南到发场增铺两股道。次年，重修成昆方向南场

---

① 成都市交通局等编：《成都市交通志》，四川人民出版社，1994年，第240—242页。

引入线，并于当年7月投入使用；还对货场十四线进行场地面硬化，建成集装箱场，增铺货场二十三线。日改编能力提高到三千三百七十辆与一百零二列，通过能力达到一百二十五列。相比1955年，提高了十多倍。

挖潜扩能为经济

1978年12月，中共十一届三中全会召开，确立了以经济建设为中心的基本国策。随后，东站开始推行改革，深化企业管理，千方百计挖潜扩能。

自1985年起，成都东站进一步完善运输设施，改善作业条件。同年，完成货场七线风雨棚拆除，以及仓库新建工程，并在调车场一至八道安装TJV2液压缓行器，每股道两台。陆续在值班员等工种中，配备无线对讲机。第二年，由铁道部投资六千万元，修建站场峰前到达场，设有七股道，并对调车场、南到发场、驼峰进行扩能改造。同年，货场十五线三十二吨门吊建成，并投入使用，微型电子计算机也开始应用于货运业务活动。1987年，改建了货场危险品货物仓库，一级三场扩为二级四场的扩建工程，也开始动工。

1989年，成都东站有站线六十一股，其中南、北到发场各七股，编组场十八股，货物线二十四股（含选车场六股），牵出线五股，总有效长度近六千八百米。仓库十七座，雨棚两座，露天站台六座，堆货场十六个，共折合货位六百三十六个加九百六十八个集装箱，一次堆货能力两万八千多吨，年办理货物运输两百九十三万吨，年发送货物一百七十二万吨，年吞吐量七百万吨左右。日均接发货物列车六十对，日均解编一百零三对，办理货车近四千辆，调动货车近五万九千辆；日均装车九十三辆，增加使用车一百零一辆；日均卸车三百四十五辆，增加卸空车六十四辆。

20世纪60年代末，货场有装卸机械设备十三台。到1989年，货场装卸机械设备增至一百一十二台，还有制冰设备四台，加冰设备两台，运输设备二十九辆等。货场微机运用，已经从过去单纯核算，发展到全方位应用。货运制票、查询分析、现车管理、调车计划传输和装卸统计等均用微机操作；货物运输的发送、中转、到达，整个过程也基本实现计算机联网管理。

成都东站，是卸车量大于装车量的车站，也是成都铁路局主要排空站。东站始终把装卸工作作为运输生产的关键，设专人负责卸车日常工作，采取定时、定线、定里取送车作业，扩大卸车能力，提高夜卸比重，设立"日卸车奖"，实行专用线分流卸车措施，加快了卸车速度。此外，从1984年起，先后在崇庆、邛崃、大邑县，建立"没有铁路的火车站"，率先开展延伸服务。

东站坚持每星期三派专车、专人，到各延伸服务点，受理零担集装箱货运，实施"就地托运，接货进站，送货到家，一票到底，全程负责"一条龙服务。这些没有铁路的火车站，既方便货主，节省人力、物力，又缓解了东站的仓储压力。

截至1997年元月，最高日均办理车六千多辆，最高日卸车五百五十五辆，现有能力已经饱和。加之宝成二线、成昆线电气化改造工程完毕，编组站作业量也达到历史高位，日均办理车数高至九千一百辆。现有能力已不能满足运量需求，如不及时采取行之有效的措施，将使车站工作被动，甚至堵塞，影响分局及铁路局运输工作正常运转，制约成都市乃至整个西南地区国民经济发展。①

成都东编组站，也早已饱和，峰尾实际编数已经超过设计及查定能力。为适应近年运量增长需求，保障车站安全畅通，必须采取加强能力的措施，使之适应运输生产的需要。在成都北编组站形成能力前的三四年里，成都东站仅采用技术组织办法、改进作业组织方式扩能，已经满足不了运量需求，而且这方面已无多大潜力可挖。因此，在采用技术组织措施扩能的同时，必须采取短、平、快的改扩建扩能措施。具体措施有：

修建出发场，改二级三场为三级四场，缩短编组时间，增加编组能力；

增设调度监控系统，准确显示车站各车场各股道的进路排列情况、信号开放情况与实际占用情况等；

强化现车管理系统，解体设备自动化，使该系统智能化，提高计划质量，提高作业安全系数和效率。

强化机乘工作，减少机车故障率，保证动力稳定性，使机车工作时间达到历史最好水平，以保证扩能目标实现；

调整列车运行图编组计划，增加中转车的无调比重，增加办理能力。

随着各项扩能措施的实施，成都东站日均办理达到六千八百辆，

---

① 向全德：《成都东站能力分析及加强措施》，《铁道运输与经济》，1997年第10期，第24页。

基本满足近期运量的需求，产生了显著效益，也推动了西南经济发展。

争逐炭车拾煤渣

2019年初夏，在府青路最北段青龙场立交桥下，偶遇流动水果摊贩张师傅。

张师傅居住在驷马桥路附近。自2014年因病赋闲，为补贴家用，便做起了售卖冷饮和水果的生意。

"这一带，以前是一个煤场。"他指向丁字路口旁红砖围墙里面的一大片荒地说，"火车运来的煤，就堆在这里，像一座座黑黢黢的山。"

而如今，这里早已被草木所淹没。米白色的煤场宿舍，依旧孤零零地兀立于乱树荒草中间。

由于成都本地并没有煤矿资源，20世纪五六十年代建设东郊工业区时，工业和民用燃煤都从重庆（当时重庆属于四川省）或省外用火车运来。作为成都的货运枢纽站，东站在煤炭运输上起到了举足轻重的作用。

那时候，分布在成都铁路东货站一线的府青路、八里庄、二仙桥，仓储物流运输业十分发达。铁路线的两侧，总是堆着一座座煤山。四川煤管局成都仓库、四川煤矿储运分公司（原名四川煤矿建设物资转运站）等，都是这一时期兴起的。

一列列满载煤炭的火车，源源不断地抵达成都东站，然后通过一条铁路专用线，穿过驷马桥路东口，缓缓驶入煤场卸货，成就了当年成都最大的煤场。

"每天，都有很多卡车、架架车和三轮车，来这里拉煤。"张师傅说，"一座煤山刚被运空，一座新的煤山就又在旁边堆了起来。"

在他青少年时代的记忆里，这里的煤山仿佛从来都没有被铲平过。每天都有火车驶入煤场，在轰隆隆、哗啦啦的噪声中，不断将煤卸载堆积在铁轨两旁。

张师傅说："那时候，用卡车运煤的单位，一般都是东郊和北郊的大中型国有企业。"例如成都热电厂等，都是用煤大户。城里的蜂窝煤厂和机关、学校、街道工厂和餐馆浴室等服务行业，大多都是委托搬运公司的工人用架架车运送燃煤；当然，也常有一些采购员，蹬三轮车来这里拉煤。

据张师傅回忆，架架车拉煤大多用竹筐装运。一台架架车，要拉二三十筐煤炭。运煤工人们从工业煤场出发，沿府青路进城。路途不远，只有数千米路程。

架架车一路颠簸，沿途抖落一地煤渣，在慢车道上铺了厚厚的一层。遇上刮风天，尘灰飞扬，路边的草丛和梧桐树上全是煤灰；遇上下雨天，黑水四流，则又是另一番景象了。

由于20世纪60年代，府河不再水运木材，因而城市家庭也就不再烧木柴，逐渐改用蜂窝煤。在物资紧缺的计划经济年代，燃煤是许多家庭为之头疼的事情。蜂窝煤按计划供给，许多家庭必须精打细算，一月下来才勉强够用。于是，府青路撒落的煤渣，成了众人的免费燃料。

说起当年捡煤渣的往事，张师傅忍俊不禁——眼见尘头起处，运煤车驶来，小伙伴们一个个虎视眈眈。凹凸不平的路面，摇晃颠簸的煤车，乘势飞溅的煤渣。说时迟，那时快，大家瞄着撒落的炭渣一拥而上，抢到一块大的，便笑逐颜开，轻轻地放入自己的筐子里；要是扑了空，则悻悻然直搓手，然后拿出小锹小扫帚争着扫。也有胆子大的神不知鬼不觉从哪儿偷来一大块煤疙瘩，悄悄藏在篮子底层。

"有一天，因为抢占捡煤的地盘，我们几个伙伴，与附近另一拨捡炭的孩子，还在半路上干了一架。"张师傅说，"最初大家只是争论，然后开骂。没骂几句，两边就扭打在一起。不过还好，最终双方打了个平手，也没有人受伤。"

捡煤渣，几乎成为了许多孩子们向大人邀功的方式。因此，一有空闲时间，他们就去蒸汽火车开过的铁轨周边、卡车或架架车碾过的府青路上，捡扫煤渣。张师傅的父母，还专门为此买了一把蜂窝煤煤枪。将收集来的煤渣，用水和黄泥拌匀，做成蜂窝煤饼，放在院坝里晒干，除煮饭烤火外，还直接卖给街上一些餐馆，换取其他生活物资。

"当年，大家最喜爱的煤渣是'二炭'。"张师傅说。二炭，就是当时人们给蒸汽火车炉膛里烧结成炭渣但未能燃尽的炭核起的名字。二炭可燃烧部分，尽管只有指头大小，但它无烟、熬火、耐烧、易燃，因此深受欢迎。

因为火车东站是成都最大的货站和编组站，来来往往的蒸汽火车都在这里编组。蒸汽火车停在东站，司机会将炉膛里烧结成炭渣的余料排放出来，倾落在铁轨两旁。

很多家庭的孩子，爱去东站看火车，遇到火车倾倒煤渣，就会在铁道边顺便捡一篮子"二炭"回去，向父母表功。

"后来，府青路一线经过全线改造，这样的情景就不再有了。"张师傅说。在市交通局协调下，府青路拉运生活用煤的架架车、三轮车，暂时被转移到南门的成都煤炭公司第二仓库运煤。当年东郊架架车、三轮车往来运煤忙的场景，遂成了历史。

转运物资援震区

2008年5月14日早晨6点，"5·12"汶川特大地震刚过去不到两天，满载一万顶帐篷的救灾物资专列，迅速抵达成都东站。这是全国第一批经铁路运输的抗震救灾物资。

为将这批抗震救灾物资第一时间送抵灾区，成都东站对救灾物资专列的排线、装卸、运送等环节，都作了周密部署。因此，6点多专列到站，十分钟即排到专用线，五分钟启动装卸，不到一个小时，第一辆汽车就将抗震救灾物资转运出站。

这场地震来得如此突然，震级如此强烈，造成的伤亡和破坏如此惨巨，震惊世界。成都铁路局加强与受灾各地市县政府联系协调，对涉及抗震救灾的大米、面粉、食用油、食盐、帐篷、防水塑料、汽油、柴油、水泥、钢材等物资实行优先装车、优先挂运、优先装卸，最大限度地满足重点抗震救灾物资运输的需要，全力支援四川抗震救灾。随后，成都东站成为抗震救灾物资中转的重要节点。救灾物资源源不断地运达成都东站。站内工作人员加班加点，装卸物资，运送伤员，昼夜不息。

据时任八里庄社区书记廖正华回忆，大地震以来，全国各地的救灾物资通过铁路源源不断地运往四川，其中大部分到达成都东站货场。由于车站装卸人员有限，在一定程度上影响救灾物资的抢卸进度。时间紧迫，任务繁重，路局党委紧急下令，要求路局团委牵头组建青年突击队，协助成都东站货场抢运救灾物资。

许多人还没来得及歇息，便组织团委人员召开会议，连夜部署，从重庆职培中心抽调了两百名身强力壮的复退军人，迅速组建起路局抢运救灾物资的青年突击队，由局团委书记担任突击队长，带领队员们全力以赴投入成都东站救灾物资抢运工作。

5月25日深夜，青年突击队员乘坐T898次列车，从重庆赶至成都。次日早上8点，青年突击队员方队整齐地出现在成都东站货场。按照车站装卸负责人的统一安排，队员们立即分散到货场的各个工作区。在装卸师傅的指导下，精神抖擞地开始了一天的抢运工作。

"一二，加油！一二，雄起……"之后很多天，成都东站货场内，时常传出声声激昂的呐喊。青年突击队员们忙得热火朝天，他们以一传一的方式将一件件矿泉水、方便面等救灾物资搬入仓库、装上卡车。

鲜红的"青年突击队"旗帜随风飘扬。两百名青年突击队员，活跃在货场的各个角落。一顶顶红色小帽，一件件印有"成都铁路局青年志愿者"字样的白色、黄色T恤，与一面面鲜红的旗帜相映成辉，为忙碌而凝重的东站货场，增加了一抹亮色。

虽然天气非常闷热，队员们个个汗流浃背，但搬运工作却开展有序。货场二十线，七十名突击队员协助装卸师傅将一车车帐篷卸下；货场十三线，七十名突击队员把一箱箱矿泉水整齐地码放在接运的大货车上；货场二十五线，六十名突击队员传递运送方便面。

"加把劲！让这些救灾物资及时送到灾区！"

"放矿泉水时要轻点，注意不要把塑料瓶子摔裂了！"

突击队员们相互鼓励、相互提醒着说。他们的热情感染了路人。

直到下午5点多，一天的工作，终于告一段落。一车车救灾物资，在青年突击队员协助下顺利转运。擦擦头上的汗水，队员们迅速列好队，迈着整齐的步伐回到驻地。经过一夜休息，他们将迎来第二天新一轮救灾物资的抢运任务。

盛景消散倍沧桑

2008年末，新规划的成都东站开工建设，不足两年半就竣工运营。新成都东站前身为沙河堡站，建于1960年，为四等站。

新成都东站占地六十八万多平方米（不含动车基地），外形设计灵感来源于三星堆遗址出土文物，两个独特的"三星堆"青铜面具造型，作为建筑正面支撑立柱，舒展、张扬的屋檐，形似太阳神鸟归来。成都东站设计中还融入了川西风格竹编幕墙，还有展现蜀汉文化的宫阙和雕刻。

随着新成都东站运营，原成都东站（货站）正式更名为八里站。

作为一个拥有大量工业遗址的明珠，八里庄承载了一代代人的青春，留存着老成都人的记忆，也见证了成都的发展变迁。从20世纪50年代起，八里庄布局了大量物流、仓储公司和铁路干线，见证了一个逝去的不可再现的时代。以一〇一货运市场、一〇二仓库、一〇三成商集团仓库、一〇七仓库为典型代表的八里庄—二仙桥片区的物流仓储企业，也因老东站而兴衰。从驷马桥到八里庄再到二仙桥，生产钢材、生铁、有色金属、五金、电线电缆的西铁物资公司，其成就也与老东站息息相关。

自从老东站搬迁、"北改"开启以后，这里曾经辉煌的工业时代，也悄然落下历史的帷幕。

2016年春天，由于工作原因，我曾在八里庄租住过一段时间。那时候，随着老东站的搬迁，周围企业都已经撤离，只留下纵横交错的铁轨等待拆除。锈迹斑斑的轨道旁边，无孔不入的野草和肆意绽放的油菜花，仿佛在宣示大自然的重新占领。

错落有致的红砖厂房、路灯上的警示牌和粗壮的梧桐树，是老成都工业时代的缩影。以生产轨道交通设备器材和五金配件为主的总材厂，当年蒸蒸日上的场景也早已不再，只剩一片荒凉。巨型水泥罐子带着浓厚的工业感、得天独厚的铁路运输优势，是西南地区最大的商品混凝土生产企业，随着老东站的改迁，也已停止了生产。曾经留下了欢声笑语的职工活动中心，伴随着工厂的撤离将逐渐变得沧桑与落寞。

老火车东站在夜色中显得益发寥落。除偶尔传来的火车轰鸣，似乎也多了不同于以往的寂静和安宁。

根据规划，八里庄片区经过改造以后，将成为成都东北部城市的副中心。现代商贸、总部商务、创意办公等功能区，将在这里拔地而起。

作为成都工业大动脉、物流集散地，火车东站见证了东郊的奋斗和辉煌，将永远留在成都人民心中。

水果粮食批发市

得益于交通运输之便，铁道两旁分布着大量工厂、企业、仓库和批发市场。

作为成都东郊工业基地中的重要一环，府青路街道一直是西南地区的物流集散地，如驷马桥果品批发市场、八里庄粮食批发市场等，规模之大，位居全国前茅，对成都乃至整个西南地区的民生，都起到举足轻重的作用。

四季鲜果香不绝

2019年初夏，我去府青路采访时，在沙河三洞古桥公园遇到李孃孃。当时，她正坐在树荫下休憩。一番交谈之后，才知道她曾在驷马桥果品批发市场工作过。这让我大为惊喜。

20世纪80年代初，李孃孃进入成都市果品公司做了一名销售员。不久，公司便陷入了困境。国家放开果品市场，使得公司竞争压力陡增。老一套经营模式已难以适应新的市场形势，市果品公司业务大幅度萎缩。曾经在计划经济时代一统天下的局面，迅速瓦解冰消。

1987年春天，市供销社几经研讨，将市果品公司一分为三。市驷马桥果品批发市场随之诞生，位置就在驷马桥路11号。

李孃孃被调到果品批发市场，仍负责销售业务。市场成立之时，分得职工一百九十五人（部分为退休职工），六千吨果品冷库一座，亏损金额八十多万元。

据李孃孃回忆，当时冷库仅当普通库房使用，租给其他单位存放自行车等，每平方米月租仅三元。"不少干部职工嫌路远、效益差，不想来。"她说，"一些退休职工，也不愿分到这里，害怕领不到退休金，报不到医药费。"

问题丛生，前途难料，但箭在弦上，不得不发。为偿还债务，求得生存，他们筹措资金，将普通库房改造成货棚、货位、茶馆、餐厅和招待所。

创业之初，诸事维艰。"那时候，大家真的很拼。开市之前，为了吸引客户、集聚人气，我们跑到荷花池进货，高价买，低价卖。"李孃孃说，"进了外地水果，却无人买，我们就分头骑自行车进城，说好话、做保证，请一些水果商来买。"

他们的努力，得到了认可。批发市场，逐渐有了人气，看货询价者往来不绝。

这时，货源供给也在考验着大家。李孃孃说："一些水果过于紧俏，一时供不应求。客户来了，拿不到货，有时会抱怨。我们一边道歉说好话，一边忙着组织货源。"

为提高知名度、扩大影响力，在1987年全国糖酒会上，由经理带队，到旅馆挨门逐户拜会客户，发放宣传资料。

批发市场，以"果品为主，服务为主"为立市方针，收费从低，服务从优。外地客商在发货后，甚至只需一个电话或电报通知，市场便为其代办提货、运输、储存、销售、结算汇款等各项事务。

为方便香蕉商，批发市场修建了七十四个烘房，帮助客商解决了香蕉抵蓉后过生难销的问题，使得香蕉来蓉量倍增，市场价格也得到抑制。为调剂品种，让成都市民吃到更多果种，市场还开展了自营业务。李嬢嬢记得，20世纪90年代某个春节，市场自营上市的红江橙、红富士苹果等，在成都十分畅销，数日便被抢购一空。

来自全国各地的果品，源源不绝地拥进批发市场，批发辐射大半个四川。市场占地面积逐年扩大，达到四万三千多平方米。市场交易量也随之大幅增长，经营苹果、梨子、香蕉、西瓜、柑橘等果类品种达三十四种。

到1988年，企业开始扭亏转盈。

三家归一从头越

市场经济，是无情而又多变的。

外省果品拥入，对本省果品造成了冲击。1990年前后，由于省内西瓜个儿太小、味不甜，卖不出去，不少商贩拒进川瓜，而宁愿经营省外西瓜，使得本地瓜农利益受损。

经过深入调研，市场工作人员发现川瓜之所以不受欢迎，主要因为种子退化，栽培技术落后，采摘生熟度拿捏不准。于是，市场多次向产区农技部门通报指导；经常与瓜农进行对比宣传，积极推动瓜地轮作，以及技术改进。

除此之外，批发市场还对四川苹果、红橘等果品的生产、销售、包装等，向有关部门及众多生产者经营者，反映和提供过许多改进意见，为川果的发展，贡献了力量。

当年从老果品公司分家的另外两家企业，尽管实力雄厚，但都好景不长。僵化的经营机制，使之无法适应多变的市场形势。

自分家以后，市果品公司连年亏损，债务缠身，濒临破产。市供销社为解决其困难，经反复研究后，于1991年2月下文，将驷马桥果品批发市场与市果品公司进行合并。合并后，企业仍名为市果品公司。

而市综合贸易公司的境况，则更加严峻，不仅效益下降，而且负债累累。李孃孃说："他们甚至连职工工资都发不起，退休职工医药费也报销不了。"于是，市供销社又于1993年3月下文，将其不景气部分与市果品公司合并。

至此，一分为三，复又合三为一。公司以果品批发市场为发展基础，业绩蒸蒸日上。至1993年，公司状况已大为改观，卸下了大部分债务包袱。

市场各项区间，覆盖面积也随之扩大，达十三万多平方米，其中有一万平方米全网架彩钢交易大厅，五万平方米交易场地，三万平方米仓库，还有一条从国外引进的果蔬加工生产线，五百五十米铁路专用线，八千吨冷库。①

2003年，果品批发市场成功实现改制，不断升级换代。到2008年时，场内已建起现代化信息系统，与全国各大批发市场、总社信息中心联网，及时、准确地为客户提供各种信息。

---

① 成都市成华区数字方志馆·地情平台：《坐标（十五）驷马桥果品批发市场：它曾是全省最大的水果批发市场》，2018年1月31日，网址：www.cdchdfz.com。

市场实行全程代理服务，从产地发货到售后结算整个过程，均可由市场代办；还从国外引进了先进的果品加工生产线，为客户提供分级、清洗、消毒、打蜡等果品加工业务。

展望未来，放眼天下，果品市场雄心勃勃，立志将自身打造成为真正的"果品天下"。不仅实现与产地的联通，还要实现与国内外市场的对接。

批发市场，与全国二十个省、市、自治区的果园、农场、专业户、基层供销社建立了长期稳固的业务关系，形成了通畅有序的流通网络。日均进场交易的客商超过一万人次，市场年成交额达十五亿多元，年成交量高达六十万吨。

"当年，果品市场经营的果品，多达一千多种，甘肃的苹果，新疆的香梨、哈密瓜，两广的沙糖橘、荔枝，尤其好卖。"李嬢嬢说，"成都周围二十公里范围内水果商贩，百分之九十都从这里进货。甚至自贡、内江的水果超市，也来我们这里采购。"

2006年，李嬢嬢退休。为打发时间，她开了一个小卖部，店里也常摆几种水果卖。几年后，她的儿媳妇接管了小店。

2011年以来，随着"北改"推进，驷马桥片区业态进行了大调整，全新布局商贸服务休闲娱乐等高端服务业。片区内果品批发市场，也随之整改调迁。

驷马桥果品批发市场率先启动搬迁，入驻彭州濛阳，并于2013年3月完成市场关闭。一个以彭州濛阳为中心的西南水果批发市场新格局，随后迅速形成。

如今，在驷马桥果品批发市场旧址上，合能铂悦府楼盘的数幢高楼已经封顶，正式进入装修阶段，新安装的玻璃幕墙，在阳光下闪着耀眼的光芒。

蓉城口粮从此出

从成绵高速入城，进入府青路三段高架桥，便可见右侧一片低矮的楼房。熙攘纷扰的小摊贩、此起彼伏的叫卖声，与高架桥上往来的车声，混合在一起，显得纷乱而嘈杂。

这里，曾经就是八里庄粮食批发市场。

20世纪末，针对成都各大粮食市场分布不集中、运营不规范等通病，成都市政府启动了国家级仓储物流中心（八里庄—二仙桥仓储物流中心）项目。

1999年，位于府青路三段18号的八里庄粮食批发市场建成运营，成为市政府贯彻"粮改"政策的一个重要基地。这也在一定程度上，缓解了当时东郊生产资料市场居多、生活资料市场偏少的问题。

粮食批发市场运营后，吸引了许多大型饲料、酿造、制药、食品等耗粮性企业，云集在附近。

批发市场规模大、起点高、配套设施完善，是当年成都唯一一家大型粮食专业批发市场。整个市场建设投资，据说超过一亿元人民币。

市场占地十七万多平米，粮食储备量达到四十万吨以上。一千多米的铁路专用线，贯穿市场南北。每天，满载辽宁、黑龙江等地大米，河北、河南、山东等地面粉的列车，徐徐驰进市场。在此迅速完成卸货后，三成送进成都人的厨房，一半运往省内其他地方，还有两成送往部分省外地区。来自省内各地的油菜籽等农产品，也集中到这里，然后装上专列，运往全国各地。

这里，一度成为成都人口粮的储备地。"当年很多粮油小贩或超市，都来这里进货。"八里庄居民王先生说，"这里不仅种类齐，价格也十分便宜。"

2016年，八里庄粮食市场关闭，从此驷马桥片区再无批发市场。尽管如此，今天这一带依旧有不少经营粮油干杂的小店。

低矮陈旧的楼房、布局凌乱的店铺、互相缠绕的电缆……这里老旧寥落的光景，与日新月异的府青路，形成了鲜明的对比。随着附近基础设施及公建配套项目的推进，原八里庄粮食批发市场片区正在迎接新的历史机遇，孕育新的蜕变和未来。

几经沉浮终成名

在成都冶金实验厂（以下简称成实厂）门前开阔的草坪上，矗立着一座钢铁工人的群雕，头戴风火镜头盔，壮实的双臂高擎一朵火云。这是钢铁工人的象征，也是成实人的象征。

成实厂的前身，是原成都五一二厂。五一二厂的"成实牌"产品，当年在全国可是响当当的名牌。

▲ 成都冶金实验厂大门　《成都冶金实验厂厂志（1958—1985）》

据该厂原工程师胡均国回忆，成实厂厂区大体呈方形，西靠川陕公路的起点，南面为厂大门，紧邻围绕市区的二环路，北面为驷马桥路。厂区东南为生产区，西北为生活区。"周围工厂比较多。"他说，"西去一公里多，就是火车北站，交通很方便。厂区有公路，还有一条专用铁轨，直接通到（八里庄）火车东站。"

沙河从厂内生活区旁边蜿蜒流过，沿岸绿树成荫，空气清新，景色宜人。

自力更生建设忙

成实厂，本为成都量具刃具厂（以下简称刃具厂）的钢铁生产车间。

1958年，由于国家分配的原材料（主要是钢材）在数量、品种、规格方面，都不能满足生产发展需要，于是刃具厂以自身力量为主，建立钢铁生产车间。

同年5月，刃具厂派人与重庆第二钢铁厂（后为重庆特殊钢厂）联系，并取得该厂提供的生产工艺图；以此为蓝本，确定了钢铁生产车间的初步设计方案。7月，在刃具厂附近选择厂址。8月，抽调二十余名青年工人，到重庆第二钢铁厂培训，学习炼钢、轧钢技术。不久，新厂基建工程正式破土动工。

成实厂初建之时，厂区一带尚无其他工厂企业。厂门前，二环路虽已规划，但还未成形。据该厂原职工陈师傅说，厂区原为农村耕地，茅屋瓦舍错落其间，除部分农田种植粮食、蔬菜以外，还有零星的鱼塘和"冬水田"，甚至还有历史遗留下来的无主坟地。

成实厂建成之后，厂名几经变更。最初，它是刃具厂的"钢铁车间", 1959年改为"钢铁分厂", 对外则称"成都沙河钢铁厂"。主要生产车间有炼钢炉（包括电炉、转炉）、小型轧钢车间；辅助生产单位有水泥、炼焦、白云石、耐火材料等车间；不久，简易电极车间也投入了生产。次年，原市办成都炼焦厂并入，改为炼焦车间。

1962年9月，在省冶金系统调整工作会议上，钢铁分厂被列为暂停企业。第二年恢复生产，更名为"成都黑色冶金实验工厂"，由省冶金厅直接管理。到1965年，成实厂正式由北京钢研院接管，更名为"成都冶金实验厂"。其后几经更名，仍改回"成都冶金实验厂"。

1958年9月，经中共成都市委批准，刃具厂成立"钢铁指挥部"，统管钢铁生产工作。在"大跃进"等思想指导下，钢铁车间的筹建、基建工作，进展十分迅速。

回想当年，陈师傅颇为感慨。他来自附近农村，十七岁时，进入刃具厂当自费学工。后来，他被抽调进钢铁分厂，逐步熟悉和掌握了相关生产技能。"那时候，不管你是领导干部，还是技术人员，除了完成本职任务，还要到施工现场参加劳动。"他说，"大家都团结一条心，憋着一股劲，就是公休日也不休息。不分白天黑夜、天晴下雨，都在施工现场。"

十五立方米的高炉，配套高三十米的砖砌烟囱，在没有机械化施工设备的条件下，只用六天六夜时间，就竣工了；炼铁车间土建施工、设备安装等，只用四十天时间，就全部建成。

"即使吃饭，都得赶紧。"陈师傅说，"有时候，干着干着就仿佛做起了梦，一个趔趄摔倒后，爬起来继续干。人人心中都憋着一股劲，都不想服输。"

到1958年底，钢厂共出钢四百六十八吨，产生铁二百二十九吨、焦煤六十四吨、水泥两百六十六吨。第二年3月底，第一座也是当时全成都市最大的一座三吨电炉建成出钢；5月，三吨转炉投产；7月，钢轧机开始轧材；9月，电极车间开始生产；1960年7月，炼焦车间正式并入。至此，它基本形成一个有炼焦、炼铁、炼钢、轧钢，以及电水泥、白云石、耐火材料等生产线初具规模的小型钢铁企业。在建设周期和速度上，它堪称创造了奇迹。

业绩蒸蒸日上，职工干劲十足，形势一片大好。1960年，钢厂决定扩大产能，新建轧钢车间，并计划在三到五年内，建成年产钢材三万吨以上的生产能力。

由于国家三年"困难时间"和其他原因，这个规划刚刚开始实施，就被终止。到1962年初，在贯彻中央"调整、巩固、充实、提高"的八字方针中，钢厂正式停产下马。这一时期，全厂在册正式职工总数最高达到三千零九十四人。

其中，除少数职工是由重庆等地支援借调来厂的，大部分人员来自本市街道或成都附近县区农村。工厂下马后，这部分经过三四年时间的生产实践，逐步熟悉和掌握了一定专业生产技能的青年工人，均被遣回原籍、原地。陈师傅也回到了家中。

"到1962年8月底，钢厂全部职工人数，估计不到四百人。"陈师傅回忆说。

曾经喧嚣一时、钢花四溅、人声鼎沸、昼夜灯火通明的钢铁厂，变得冷冷清清，一派萧瑟景象。厂区内无人管理，杂草丛生，屋檐下、高炉上，经常见到鸟巢重叠。

静对前程喜和忧

1962年8月末，接省冶金厅冶办发文通知，钢厂派员参加了全省冶金系统企业调整工作会议，会议决定钢厂由"下马"单位转为暂停企业。会后，于9月中旬，省冶金厅工作组到厂视察，开始恢复生产前的组建工作。

次年2月，钢厂改名为"成都黑色冶金实验工厂"。为恢复生产，改造工程正式开展。至1964年6月，炼钢、轧钢先后投产。10月，炼铁亦恢复生产。

就在这一年8月，中共冶金部钢铁研究院党委，根据中央及冶金部关于"加强西南建设进行新型材料的试验研究任务"的指示，派出副院长徐书洪、室主任杜干辉以及田世全三人，来到西南地区选择分院修建地址。陪同视察的省冶金厅厅长曹刚，提出利用实验厂为西南分院的建议，得到部领导同意；旋即到实验厂进行实地考察，并迅速

▲ 北京钢院部分领导合影　《成都冶金实验厂厂志
（1958—1985）》

开展筹备工作。

1965年3月底，实验厂被批准作为北京钢研院西南分院院址。从5月1日起，实验厂作为部属企业，由北京钢研院直接领导。为保密需要，对外沿用实验厂厂名，信箱代号为五一二。

1967年以后，随着"文化大革命"深入开展，在部分职工中，由"业余闹革命"而发展为"脱产闹革命"，由开展"四大"而发展成武斗，以致生产、基建工作不能正常进行，致使机械项目不能按计划竣工交付使用。

在此期间，部分钢研院职工大造院领导的反，造"五一二"的反，并上书中央，说成都不宜建分院，分院建在成都，违反了中央关于"靠山、隐蔽、分散"的战略方针等。

1970年5月，国务院业务组批准了北京钢研院将西南分院撤出成都（冶金实验厂），迁往四川江油（钢铁厂）的请示报告。钢研院随后撤离，成实厂的领导及财务等一切关系，从6月30日起与北京钢研院完全脱钩，交由四川省接管。临行匆匆，未办理任何交接手续，调走的三百余万元设备留在了江油，人员竟先奔回北京"闹革命"去了。

钢研院领导的五年间，对实验厂进行了大量投资和建设，进一步充实和完善了实验厂的设备和规模，使其科研生产能力大为加强，初露新貌。但由于"文化大革命"干扰，实验厂在钢研院领导下的五年时间里，虽然扩充了实力，却没有能够认真地进行科研工作和生产。

1968年以后，由于武斗严重，企业实行军事管制。自1967年起，到1970年钢研院正式撤离期间，科研停顿，生产停滞，连年亏损。

▲ 成都冶金实验厂厂区　《成都冶金实验厂厂志（1958—1985）》

1971年7月，省冶金厅下放部分权力，实验厂归属市冶金局领导，但省冶金厅、市冶金局只分别负责实验厂的生产安排和产品分配，不负责解决原材料问题。实验厂只好四方求援，八方"协作"，找米下锅，生产十分被动，生产局面始终未能打开。

职工人数逐年增加，产品产量、质量却始终上不去。作业不正常，不少设备能力长期不能成为生产能力，消耗大，成本高。十年动荡，十年亏损。

1976年，"四人帮"下台，十年动荡岁月随之终结，但长期混乱留下的苦果，一时不能彻底解决。成实厂在经济上，仍未能摆脱亏损局面。

成实厂按照中央提出的"调整、改革、整顿、提高"新的"八字方针"，认真进行企业整顿。狠抓改革，整肃作风，加强纪律，严格考核，使成实厂在生产、经营、管理、技术、生活福利等各个方面的工作，都焕然一新。

1978年，成实厂终于摘掉连续十一年亏损的帽子。自此之后，成实厂迎来了生产持续稳定发展、经济效益逐年提高、产值利润同步增长的局面。1978至1985年的八年间，工业总产值累计高达两亿多元，为"文化大革命"期间工业总产值累计总数的五倍。

1980年4月，经中共成都市委批准，成实厂作为第二批扩大企业自主权试点企业。次年元月，省冶金厅批示成实厂为四川省冶金骨干企业。到1984年时，成实厂工业总产值、全员劳动生产率，均达到历史最高水平。

然而，市场变化，波谲云诡，成实厂最严峻的考验来了。这一次是在市场经济条件下，钢铁市场激烈竞争、优胜劣汰，使成实人重陷困境。产品没有市场，1991年度亏损高达两千万元，成为当时成都市第一亏损大户。

变化如此突然，亏损如此巨大，令人大为错愕。这一次，不会有上两次幸运了，国家虽想扶持，但心有余而力不足了，因为这类亏损企业太多了。若不改变机制，纵使国家给予政策支持，亦难免重陷困境，更何况此次国家已下定决心要将企业推向市场，让企业在市场中学会生存与竞争。

然而，经过"内部挖潜"、转换机制、加强管理、技术改造，几年之后，到1995年，在成都无缝钢管厂还在困境中彷徨、挣扎，不少钢铁企业在市场竞争中纷纷"落马"的不利情况下，由于全厂职工共同努力，加强各项工作管理，成实厂奇迹般地走出了困境，实现年产值近两亿元，创利三百万。

但成实人没有为自己取得的成绩而沾沾自喜。他们深知，市场竞争是残酷的，今天活了，不能保证明天还能活；而要想不死，不被市场淘汰，必须"狡兔三窟"，多几手准备才行。

成实厂三次面临生死危机，但三次都挺过来了，可以说是"命大福大"。

成实厂的命运，掌握在成实人自己手里，就像那尊高擎火云的钢铁巨人雕塑所蕴含的寓意一样。企业命运，就是他们手托的火云。而这团火云，只能由他们自己去点燃，并使之熊熊燃烧，照亮前程！

未雨绸缪留一手

1999年4月，时任厂长刘东才提出"一手抓主业、一手抓开发"的两线发展战略，决定利用工厂的口岸优势，在城北开发"建材直销市场"。

"诚实实业有限责任公司"随之创立，开始了"建材直销市场"的运作，由全厂职工自愿投资入股，实行股份制，建立健全风险共担、利益共享机制。

同年9月28日，"五一二建材直销市场"隆重开业，引起社会强烈反响。建材市场甫一开业，生意就十分红火，成为建材销售大户。

就在这一年，成实厂主导产品"成实牌"建筑用螺纹钢、普碳圆钢和合金结构钢，是四川省的名牌免检产品，并通过ISO9000国际质量体系认证。就在这一年，成实厂荣获"四川省质量管理先进企业"称号；刘东才厂长也获得"四川省优秀质量推进者"的殊荣。市冶金局、市经委、市政府，对成实厂连续保持九年盈利成绩进行了表彰。

五一二建材直销市场，位于二环路北四段三号，是当年成都地区功能齐全的大型专业建材市场。批发市场实行前店后库、厂商直销的经营方式，主营墙地砖、地板、厨卫洁具、油漆涂料、五金配件、水暖电器、吊顶材料等各种装饰材料，能容纳厂商近千户，经营产品辐射川、渝、滇、藏等地。

建材市场，与成实厂相辅相成，既是成实厂面对市场经济的未雨绸缪，也是其求得生存的"狡兔三窟"之一窟。

改制破茧蛹化蝶

21世纪初，成实厂面临着许多不确定因素。这些因素无时无刻不在考验着成实人。首先，最大的考验是政策压产。当时中央决定，对钢铁工业继续执行压产政策，钢材压产一千二百万吨，四川省将限产至三十五万吨（成钢、达钢、威钢纳入国家冶金局限产计划）。同时，国家强令年生产能力十万吨以下的炼、轧钢厂于2000年关闭。强令限产，无疑是对成实厂的致命一击。

其次，来自市场的竞争日趋激烈。中美谈判成功，表明中国加入世贸组织为时不远。这样一来，关税壁垒将被彻底打破，俄罗斯等国价格极低的钢材，势必会冲击我国国内市场。就当时而言，四川钢材市场已经受到外省廉价钢材的冲击。诸如此类，都使成实厂生存环境发生重大变化，竞争压力越来越大。

并且，成本不断攀升，已经达到临界点。当时，电炉炼钢生产建筑钢材还能盈利的，只有成实厂和江苏沙钢。成实厂虽然通过加强管理，不断降低成本等手段，尚能保持盈利，但事实上，当时已是在盈亏平衡点边沿徘徊，稍有不慎就会亏损。

产量面临瓶颈，上不了规模。而设备的老化，也制约了生产能力的提高。而且，冗员过多的问题也日益严重。屋漏偏逢连夜雨，钢铁的价格也在下跌，利润大幅缩水。1999年底与年初售价相比，每吨钢下跌两百元；与1998年相比，更是下跌五百元。加之清欠任务沉重，流动资金不畅，也严重影响成实厂在市场竞争中的生存能力。

鉴于以上种种问题，公司改制势在必行。钢筋水泥的工业时代热潮虽然不会过去，但会慢慢趋于平缓发展。城市需要什么，成实厂就生产什么，反之亦然。2003年，成实厂终于成功改制，更名为成都成实实业（集团）有限责任公司。

"改制"是21世纪初成都东郊工业的主要表征，也是东郊工业必须经历的一次大换血过程。2000年，企业关停了部分效益逐年下滑的车间，新组建了成都成实塑胶建材有限公司、四川新诚实建筑工程承包有限公司等众多下属公司，当年投产，当年盈利。"成实速度"成为行业佳话，在业内流传多年。

2005年，成都冶金成实厂已经由传统的钢铁企业，转变为集塑胶建材、机器制造、钢筋冷轧加工等为一体的新型建筑、建材企业，并在新都区建立了新的生产基地。根据成都市"东调"规划，成实集团搬迁至成都市大邑县王泗镇。

成实厂搬离后，五一二建材市场在原地坚持了好几年才搬离。随着"北改"政策的实施和推进，建材市场进入为期一个月的拆迁期，商家陆续迁往青白江等地的承接市场。

如今，在成实厂的旧址上，街区型城市商旅综合体——永立·星城都和俊屹中心·俊峰项目进展顺利。随着它们的建成，必将在一定程度上改变城北居民生活、休闲与娱乐的方式。

记忆里，夕阳下，高烟囱、红院墙的光影被拉得老长，映照着东郊的时钟，丈量着成华的岁月，见证一个逝去的讴歌激情的时代。

五十余年传奇事

2018年夏天，路过府青路三段12—17号时，只见高大的脚手架上，建筑工人的身影仿佛在半空飞舞，彩色的安全帽，在阳光里闪光。他们或卸车、或装吊车、或切割钢筋……一派热火朝天的景象。

这里，曾经是成都肉联厂的前身，持续辉煌数十年，为成都乃至全省供应生鲜猪肉。这里发生的许多故事，是成都工业史上一个时代的缩影。

据当地人回忆，成都肉联厂与成都量具刃具厂隔街相望。高大雄伟的冷冻仓库和漂亮气派的办公大楼，在府青路上十分显眼。

两个猪头娶老婆

成都肉联厂建于1958年，前身是位于现今府青路立交桥下的冷冻厂。冷冻厂是苏联援建的一个重点工程项目的子项目，具有九千吨的库容量，于1956年筹建。

20世纪六七十年代，到肉联厂工作是令人艳羡的。当年，成都年轻人谈到理想工作，就有"一进信箱厂，二进肉联厂"的说法。信箱厂，即大型军工厂。"信箱厂招工条件很严格，要查你几代人的阶级成分，并不是想进就能进的。"家住府青路附近的张仕君大爷说，"而肉联厂的条件，就要宽松得多。"

肉联厂的工资不高，但福利却让很多人羡慕不已。在计划经济时代，虽然买肉还是严格按照配额，凭肉票去买，但是生猪屠宰后的边角料，职工可以便宜买回家。这在物质匮乏、生活艰难的时期，让人分外眼红。

"在困难时期，能吃到猪油就算开荤了。"张大爷说，"谁家的女儿，要是和肉联厂职工处对象，全家人都跟着有肉吃。"

据生长于东郊的作家冯荣光先生回忆，1963年，成都某中学一群初中生到肉联厂当学工。一个月学工结束后，一个个长得白白胖胖。冯先生院坝里的狗娃就是其中一员。

狗娃回到家里后，四处显摆，引得大家羡慕无比。不仅如此，狗娃还编了一首《打牙祭歌》：

回锅肉，香喷喷，
烧肘子，腻死人。
凉拌猪耳辣呵呵，
肝腰合炒一大盆。
猪蹄子炖汤随便舀，
顿顿饭都安逸得很。

过了几天，狗娃母亲告诉大家，从肉联厂回来后，狗娃吃不惯家里的饭菜了，一端起碗就一副闷闷不乐的样子，气得他父亲破口大骂。末了，父亲说："你娃有本事，毕业后干脆到肉联厂去当工人得了！"

后来，狗娃不读书了，进肉联厂当了学徒工。从那以后，狗娃三天两头提一笼猪下水回家，馋得整个院坝的人直吞口水。

有一天，狗娃告诉大家一个消息，肉联厂门口在卖卤水，一角钱打一铫锅。于是院坝的孩子们拿起锅盆瓦罐，一大早就去肉联厂排队。卤过肉的水有盐有味，还浮了一层亮晶晶的小油珠，泡饭特别香。对长年缺油少荤的家庭来说，这种价廉物美的卤水不啻珍馐美味。从此之后，肉联厂门口每天都有许多孩子排队打卤水，队伍煞是壮观。

又过了几年，狗娃结婚了，找了个漂亮媳妇。据说老丈人就是冲着狗娃在肉联厂工作，才同意把女儿嫁给他。第一次上门，狗娃给老丈人送了两个猪头。他走后，老丈人、丈母娘合计，女娃子跟到这个小伙子有肉吃，生活过得好，于是满心欢喜地应下了这门亲事。

狗娃两个猪头娶老婆的故事，迅速流传开来。

全国爱心大接力

张仕君大爷年轻时，曾做过肉联厂的工人，如今虽年逾八十，但精神矍铄。

说起肉联厂的往事，张大爷对20世纪60年代举国救援烫伤工人霍德明的故事记忆犹新。

1964年夏天，张大爷来到肉联厂当学徒工。7月上旬某天早晨，他上班时，厂里开始风传霍德明烫伤的事情。

"霍师傅不小心跌入烫猪毛的沥青锅中，全身特大面积烫伤，只有脑壳顶上有一块没有被伤到。"张大爷回忆道,"他们说起烫伤的惨状,听得我心里直发怵。鼻孔、耳朵和喉咙都受了伤。"

当时,霍师傅大约三十五六,已经是八个孩子的父亲。事故发生后,救护车迅速赶来,将霍明德送往成都市第二人民医院救治。

经初步检查,病人烫伤面积高达百分之九十以上,呼吸道也深度灼伤,基本上达到了能够抢救的极限。

医院成立了临时烧伤病房,医务人员做好了各种准备。"当时的医疗条件、医疗设备和诊疗手段,肯定都不能与现在相比。"张大爷说,"为了救霍师傅,几乎动用了整个国家的医护力量。"

医院立即将病人的病情,通报到市卫生局、省卫生厅甚至国家卫生部。从中央到地方,都心系霍德明的救治情况,最好的药从北京、上海空运而来,最好的专家、医生从北京、上海、广州、西安空降成都,一个举国抢救工人霍德明的行动迅速展开。

"为了抢救霍师傅,成都厂矿工人都去献血,许多市民捐钱捐物。"张大爷说,"大家几乎每天都在盼望着他的好消息。报纸上也常有报道。"

8月,在多方协作配合下,霍德明顺利度过休克、感染和功能障碍三大难关,终于转危为安,逐步恢复健康。消息传来,肉联厂无不欢欣。

"那一天,大家都在谈论这件事。"张大爷说。也就是在那时,肉联厂第一次让他体会到了家的归属感。

到了年底,霍德明终于出院,回到肉联厂,回到自己的工作岗位。他的回归,受到厂中职工们的热烈欢迎,像是欢迎凯旋的英雄。

行销世界挣外汇

在计划经济时代，成都肉联厂是当时西南最大的肉类联合加工厂。因为国家有指标，成都及周边区县的生猪都要送往这里。

那时候，不允许私人宰猪。农民养的猪，都要经过统购统销。从乡镇的食品站收购后，食品站首先满足上面的任务指标，送到县里，县里再送到成都肉联厂，完成指标过后，才能在乡上或者县上宰杀。

各地的生猪，源源不断地送来。猪肉不仅要供给成都人，还要供应给全四川，支援外省，出口全球。甚至北京等地的猪肉供应，成都肉联厂也承担了大量供应指标。

肉联厂的楼层式猪圈，可容纳生猪八千头，日宰猪能力高达四千头，一年可宰生猪七十万头。肉联厂出口产品有十种，包括兔肉、蹄筋、冻苦胆、分割猪肉、分割牛肉、制罐肋排等，主要销往中国香港、中国澳门地区，以及苏联、欧美十多个国家。1992年前，成都肉联厂曾为成都市第二创汇大户，共创汇约五千万美元。

据张仕君大爷回忆，肉联厂最多时一天要杀掉一万多头猪，"职工们白天忙不完，晚上还要经常熬夜加班"。

那时候，在肉联厂门口经常见到这样的情景：每天蒙蒙亮，一长溜满载生猪、等待厂方验收的卡车，将府青路挤得满满当当。挤在铁笼里的活猪，时不时发出焦躁的叫声，混合着杂乱无章的汽车喇叭声和和司机的吆喝声，构成府青路上一道奇异的景观。

自主创新寻突破

20世纪60年代，成都肉联厂自制了剥皮机、刮毛机、小提升机等，但基本上还是以手工操作为主，与国内同类企业相比，已经落后了。1965年，四川生猪产量大增，工厂任务愈发繁重，手工操作劳动强度大，已经适应不了生产发展需要了。于是，厂方决定立足现有基础，引进先进技术。

从1968年开始，用了三年时间，成都肉联厂从外地同行业工厂引进了烫猪机、刮毛机、内脏处理传送带、麻电围毛猪提升机、自行水平链条放血输送线、水平链条自行传动工艺线等先进技术，使工厂机械化、半机械化程度过半，大大减轻了工人的劳动强度。

1975年，成都肉联厂又进行了第二次大的技术改造。在学习外地先进技术基础上，结合自己的生产实际，进行了改进和创新，使屠宰生产形成了机械联动线，生产能力更上层楼，达到全国同行业的先进水平。

1978年，随着改革开放扬帆启航，市场经济改革已箭在弦上，扩大企业自主权改革也在积极推进。扩大企业自主权，强调按经济规律和经济手段办事，讲核算、抓利润，并将之视为经济杠杆和考核企业的尺度。

截至1978年，成都肉联厂有职工一千六百多人，设计宰杀能力每天三千五百头生猪，冷藏库容一万三千五百吨。此时的肉联厂，已然是一家以宰猪为主，兼宰其他家禽家畜为辅的半机械化肉类联合加工企业。

由于长期工作环境脏、臭，劳动强度大，水湿作业多，工作时间长，机具设备危险性大，干部和职工都没有积极性。直到1978年，工厂实行盈亏单独核算以后，才开始盈利。

1979年，经批准进行扩大自主权试点，企业有了生产计划、产品销售、利润留成、企业基金分配，以及人事劳动工资等方面的部分权力，调动了企业和职工的积极性。加之前些年生猪购进量猛增的情况下，工人们变压力为动力，加强市场预测，调整产品结构，广开生产门路，提高产量质量，降低生产成本，扩大销售力度，使企业的经营管理和经济成果，较扩权以前，发生了显著变化。

20世纪80年代初，生猪到岸出现了淡季不淡、旺季更旺的局面。1981年，在猪肉胀库、生猪来源不断增加，以及各个生产环节不相适应的情况下，他们一面寻找产品出路，一面实行岗位责任制，采取快收、快宰、快冻的办法，争取少死猪、少掉膘、多出肉。

为提高生产，节省成本，他们倾尽才智，革新技术，取得不菲的成绩。二车间工人自行设计，利用废料制造安装了一台连动打头机和一台球形烫蹄机，提高了工效；六车间改造了化油间，使日产化油由三四千斤提高到一万斤，减少一半操作人员；七车间试制成功了一台液压刮毛机，提高工效一倍，使得工作效率大幅提升。

为减少猪肉销售压力，增加企业收入，大家开动脑筋，各献妙策。例如开剥猪皮就是其中一个门路。每张皮子以二十斤计算，比鲜肉要多卖六元。成都需求不足，就拓展省外市场。他们先后派人到广州、衡阳、丹东、沈阳等地联系订单，共签了三十多万张猪皮的合同。1980年，全年共开剥猪皮四十四万张，数量之多，质量之好，都是空前的。这既支援了省外一些地方的轻工业，又减少两千两百多吨猪肉销售的压力，使企业增加盈利一百多万元。[1]

五车间，过去以生产出口兔子为主。改革开放以后，由于取消了派购任务，兔子收不起来，任务减少将近八成。为适应市场变化，他们努力扩大和新增出口蹄筋、冻苦胆、分割猪肉、分割牛肉、制罐肋排等一百七十吨外销产品，每年盈利两百多万元。

六车间是搞综合利用，以生产药品为主的。在药品出路不大、任务不饱和的情况下，他们积极试制并扩大了"肝素纳精品"的生产，1980年仅出口联邦德国就获利近十万元。另外，肉联厂还打紧内部安排，抽人为外地设计、制造和安装了一部分屠宰冷冻设备，净收入二十多万元。

迁往郫县再启程

改革开放以后，生猪养殖和屠宰的政策放开。地方上开始自行屠宰和销售猪肉，送来的生猪越来越少，肉联厂的地位一落千丈。

在这种情况下，成都肉联厂开始尝试转型。依托生猪屠宰链，肉联厂开始搞深加工，做过红肠和火腿，在全成都范围内销售，但市场反响不如预期。尽管调整配方，加入海椒、小米辣，以迎合四川人的口味，并在全市设了数百个零售店铺，但由于不了解市场和销售，始终未能打开销路。

---

[1] 周银南：《扩大企业自主权的改革应积极进行——成都肉联厂扩权试点情况调查》，《商业研究》，1981年第2期，第5页。

政策的放开，释放了市场的活力，也加大了肉联厂的竞争压力。20世纪80年代，成都肉联厂开始转型，凭借冻库这项优质资产，做起了存储火锅食材的生意。福建的海带、广东的海鲜、浙江的带鱼、东北的甜玉米等新鲜食材，络绎不绝地运来，使这里一度成为四川人的"保鲜库"。

许多商贩瞅准其中商机，开始在厂区内租个铺子，干起海鲜买卖。这让一度沉寂冷清的肉联厂又恢复了活力，变得热闹起来。

家住驷马桥附近的王女士说，成都及周边的海产批发商，很多都从这里进货，然后再转出去，以此赚取差价。"不过，大多数市民或附近居民，都会直接来这里购买，不仅更便宜，也更新鲜一些。"

王女士回忆起肉联厂曾经带给周边居民的"福利"，难掩幸福之情。"那时候，那里的猪肉都是全成都最便宜的，我们这边的人基本上都会跑到那儿买。"她说，20世纪80年代，"几斤猪内脏，几毛钱就可以买到。血旺更不消说，每天去接一盆回家，加点盐巴，就可以当晚饭的菜。"也有小贩来这里接一大桶，骑着三轮车沿街叫卖，穿行于成都的大街小巷。

从20世纪90年代开始，这里就没有再屠宰过生猪，取而代之的是西南最大的冷链物流基地和冻品交易市场。大批外地商家闻讯而来，从这里进货，然后再转卖出去。

成都肉联厂冻品市场的最大优势是交通便利，离城中心很近，送货和客户过来都很方便。除此之外，市场内还有两条铁轨，货运列车可以直接开进市场，在极短时间内卸货入库，保证食材的新鲜和质量。由于冻品交易市场加上附近的水果交易市场生意火爆，驷马桥一带成为成都最繁忙的批发市场。

这样红火的场面一直延续到20世纪末。在21世纪的第一年，成都肉联厂推行改制，成立海兴冷业贸易股份有限公司，重点发展冻品交易，最终形成冻品类专业市场。

随着21世纪第一个十年的到来，这里交通拥堵、环境脏乱的情况变得愈发让人难以忍受。根据政府规划，冻品市场作为驷马桥片区一部分，其业态将进行全面升级改造。市场将被拆除，商家将陆续迁往郫县、青白江等地。

2014年夏天，府青路三段12—17号，这里曾经生意红火的店铺，或门可罗雀，或早已关门大吉。6月16日，最后一批四十吨液氨被安全转移后，市场开始土建和机械拆解。

是月末，在成都府青路冻品市场老厂区背后的驷马桥路上，曾经车满为患的道路，一下子变得冷冷清清。曾经肉联厂全盛时代这里繁忙的情景，最终成为随风消散的记忆。

在肉联厂原址上，朗诗上林熙华府楼盘拔地而起。运行的吊车、忙碌的工人、溅落的火花，工程建设如火如荼。围墙外，一丛丛芦苇花繁胜雪，晚风一吹，四处飘飞。

笑看风雨自从容

从"东方红一号"人造卫星升空，到"神舟五号"载人飞船上天；从简单的五金制品，到具有复杂驻机软件的机电一体化产品，无不体现出前锋科技卓越的实力。在近半个世纪时间里，前锋集团先后经历了从国营军工，到军转民，然后改制上市、重组，再到民营化的发展历程，最终依托产品和技术的创新，使企业改制成功，在激烈竞争环境中生存下来，并不断发展。

这些骄人成就，离不开前锋人的艰苦奋斗。他们顽强拼搏、积极进取的精神，伴随着前锋走过无数风雨和坎坷，是中国波澜壮阔的工业化历史进程的光辉写照。

为有豪情多壮志

国营前锋无线电仪器厂，位于今府青路二段2号，东靠府青路二段，南依一环路北四段，西临前锋街，北通华油路。

如今，在当年厂址上，新建的财富又一城高高矗立。它的繁华和耀眼，与背后略显陈旧和纷乱的前锋路和前锋小区，形成了鲜明的对比。

从地铁李家沱站往南，成都地铁3号线和一环路相交的第一个点，就是地铁前锋路站。在数学程式里，它叫交点；在前锋人眼里，它就是焦点。

1958年7月1日建党节这一天，来自全国各地的建设者，聚集在府青路二段，用带着乡音的普通话互相沟通，讨论着小砖窑的建造情况。他们全都是由部里出面，从全国各地抽调来的职工，其中以重庆七一六厂和天津七一二厂这两个老厂调来的人员居多。

"大跃进"时期，各地都在大搞建设，因而建材奇缺。在东郊的土地上，唯独黄泥随地可取，正好可以烧砖制瓦。他们在既定厂区（当时还是农田）选了一片地势较高的黄泥坡地，建起一座老式砖窑，开始取土、和泥、制坯、晾坯，再点火烧窑。

他们在用木料、竹子、黄泥临时搭成的食堂里歇脚纳凉。饭太冷，就用开水泡了再吃，偶尔能吃上锅盔咸菜，那简直就是美味佳肴。

1958年冬天，天气异常寒冷。入冬不久，成都就下了一场十年不遇的大雪。天寒地冻，成天加班加点制造砖瓦的前锋人，耳朵和手脚上都长满了冻疮，一到夜里，特别瘙痒难受。他们挤在火堆前，看着裤腿上袅袅升腾的热气，讨论着第二天的计划。

挖土、制砖、烧瓦、垒墙、修建厂房……他们夜以继日，毫不懈怠，怀揣火热的创业梦想，挥洒着自己的青春。有了砖瓦，心里就有了底。他们仅用了七天时间，就完成了一号厂房的主体工程，刷新了"东郊速度"的新纪录。

一号厂房，是前锋开拓者们值得自豪的第一座像模像样的建筑。它是前锋精神的象征，一直陪伴了前锋人很多年。

在接下来的几年里，二号厂房、三号办公楼、八号锅炉房及住宅区等，相继落成。1963年12月，前锋厂竣工，并通过国家验收，当月26日正式投入生产。

在以后的岁月里，厂门口修建了堪称成都第一座现代立交桥，前锋厂的办公大楼刚好在桥头。前锋厂老职工王周全说，从一号桥（红星桥）进入东郊，首先映入眼帘的，就是前锋厂。

前锋人说，前锋厂就是东郊的"桥头堡"。

通天彻地本领强

成都无线电测量仪器厂，是我国首个自行设计建设的通用无线电测量仪器专业生产厂，也是我国"一五"时期苏联援建的重点工程项目之一。机电部第四区域电子计量站，就设在该厂。为了保密，工厂编号七六六，对外通信地址为四〇信箱。1965年，正式更名为前锋无线电仪器厂（以下简称前锋厂）。

"三线建设"时期，前锋研发生产的十六个系列两百多种电子产品，为我国广播通讯、航空航天事业做出了巨大贡献。1970年，中国第一颗人造卫星用测量仪器——微波网络自动测试系统，就是前锋厂研制的。

1970年2月24日，前锋厂研制的时间统一勤务系统，以及甚低频接收机，参与了我国第一颗卫星"东方红一号"的发射，并取得圆满成功。

4月底，第四机械工业部给工厂发来贺电：

你们试制（生产）的时统及甚低频接收机，在这次人造卫星的发射中发挥了一定的作用，为这一震撼世界的巨大胜利做出了一定的贡献。

直到此时，许多人才知道，我国成功发射第一颗人造地球卫星"东方红一号"，也有前锋厂的功劳。早在一周之前，当接到卫星发射成功的消息时，前锋厂十九车间一些工人就开始庆贺了。但厂中秘而不宣，可见保密工作还是做得不错的！同厂其他同事，都是在卫星发射成功三四天后才知道的。

在其后的岁月里，前锋厂还参与了中国第一代航天远洋测量船"望远号"、中国第一艘载人飞船"神舟五号"等著名项目，都取得了圆满成功。

1980年之前，前锋厂以开发生产军品电子仪器为主，先后研制生产了十六个系列、两百多个品种的各类电子仪器，广泛应用于广播、电视、通信、电子计量测试、航天、地质、交通、能源等领域。1980年以后，前锋开始涉足燃气用具生产领域，选择以热水器为主打产品的家用燃气具系列，成功实现了"军转民"。

1985年，前锋厂划归成都市，归属于成都市电子仪表工业局。

严为国家守机密

2019年暮春，我走访时，偶遇原前锋厂职工刘师傅。

时近晌午，刘师傅正坐在沙河边上的露天茶馆喝茶。他已年逾古稀，头发花白，但说起话来，思维却非常清晰。

20世纪60年代初，刘师傅进入前锋军工厂工作。说起当年在军工厂的工作，自豪之情，溢于言表。

据他所言，军工厂（又称信箱厂）的招工条件，十分严苛。其中，对职工的政治审查尤其严格，查主要社会关系和三代直系亲属，是否有政治上的问题。而且，政治审查是长期性的，何时查出有政治问题，何时走人。因此，想蒙混过关，是不可能的。

"那时候，信箱厂工资福利待遇高，厂里的姑娘、小伙子，找对象时很吃香。若某个姑娘或小伙，所处对象是信箱厂的，就仿佛癞蛤蟆吃到了天鹅肉。"刘师傅说，"但信箱厂的职工，一般来说却更愿意在信箱厂中找对象。因为这样会省去很多麻烦。"

据他回忆，如果信箱厂职工到外面找对象，要先打报告申请，然后由工厂政治部出面，查清对方是否有政治上的污点，只有通过了审查，获得了批准以后，才能结婚。

"这样做的目的，都是为了保守国家机密。职工进了信箱厂，首先就要进行保密教育：不该讲的不讲，不该打听的不打听。"刘师傅说。

当年的军工厂，从不在大门口挂该单位名称的牌子，一般只是在门口钉上一块蓝底白字的铜牌或铁牌，牌子大小类似于现在市区街头钉的邮政编码牌，上面只有表示信箱编号的阿拉伯数字，比如国营七六六厂（前锋无线电测量仪器厂、四〇信箱）门口钉的就是"40"。这些信箱厂的汽车车牌号也与众不同，它们都要在车牌上标明各自工厂的信箱号，前锋厂的车牌号就是40-×（×指汽车的具体编号）。通信时，不能将工厂的信箱号和厂名同时写在信封上，否则信不仅发不出去，还要受到口头警告。

"那时候，信箱厂职工每月领工资时，还会给一笔保密费，我们领的是五元。听说还有一些工厂，最高每月可以领到十元。"刘师傅说，"当然，这也要看工厂的保密级别。级别越高，保密费就相应要高一些。"

那些年，东郊每一个国防军工大厂，都是一个相对封闭的小社会。形成小社会的基本条件是，它们都是国务院某个部直属的大型企业，都是所谓正师级或以上的单位，其党委书记、厂长、总工程师都是国务院直接任命的。形成小社会最重要的两个原因，一是计划经济体制，二是鉴于当时国际形势大背景所强调的保密性。

中国初代热水壶

1978年开始的中国经济变革，逐渐延伸到前锋这样的军工企业。前锋厂通过"军转民"，开始试水市场经济。通过市场考察，前锋厂选择了家用燃气具产品，成为我国最早一批自主生产热水器的厂家之一。短短数年时间，"前锋牌"热水器走进千家万户，被评为"四川省名牌产品"和"全国消费者信得过产品"，获得了首届全国轻工业博览会银奖和第一届中国国际电子贸易博览会金奖，成为燃气用具著名品牌。

此时，前锋开始面向市场，成立了销售科。1985年7月，前锋的军工金字招牌被打破，前锋厂划归成都市，归属于成都市电子仪表工业局。前锋面临市场经济大潮的冲刷，开始奋力搏击。前锋人通过艰苦探索，终于确定发展燃气用具，专门成立了一个研究所，从事民品开发，将电子仪器生产的雄厚技术、设备、人才，运用于燃气用具的开发和生产，成功推出了前锋热水器产品。

前锋家用热水器于1985年正式立项，次年通过鉴定并投入生产，当年就生产了两万台，创造产值六百万元，企业盈利六十万元。取得如此良好的效果，是因为前锋热水器采用了电脉冲连续放电点火技术，比当时市面上通用的压电陶瓷点火技术档次更高。将电子技术引入了定位于"五金制品"的热水器产品上，从这点来说，具有划时代的意义。

由于和全国各地煤气公司形成了战略联盟的关系，在煤气公司垄断经营的销售模式下，"前锋牌"热水器得到迅速推广，产品销售到了北京。之后，前锋公司的销售收入，每年以百分之二三十的速度递增，到1996年达到三个多亿的顶峰。

在热水器产品进入市场早期，公司提出了"全员销售"模式，公司领导分片负责，为用户现场安装、演示产品的使用方法，逐步打开了市场。前锋电子仪器公司坚持"军民结合、以军带民、以民养军"和"寓军于民、相互促进、协调发展"的道路，不断进行技术改造，不断提升技术水平。同时继续发展军用电子测量仪器和通用仪器，走出了一条军品、民品共同发展的成功道路，企业生产经营连续八年以百分之二十的速度增长。

在经历了上市、重组、退市、改制的艰难历程后，前锋公司成为名副其实的全体员工共有的企业。20世纪90年代，热水器行业白热化的竞争，将四大家族中的两家淘汰，只剩下前锋与万家乐两家上市公司在前线苦苦挣扎。

当时，企业的利润率、净资产收益率，远远达不到上市公司融资的要求，上市公司只剩下一个躯壳企业，前锋又到了生死存亡的关键时刻。在上市公司的壳，成为一种稀有资源的特殊历史节点上，企业领导层毅然决定将"壳资源"卖掉，将收入用于企业的再改制。

2001年，在国资委和成都市政府的积极支持下，前锋公司进行了企业发展史上最为深刻的一次改革：国有股全部退出，将企业净资产分为五千万股，其中一小部分作为对员工的补偿，分到每一个员工头上，剩下的股份由员工以现金方式购买。

前锋公司在热水器行业中所处的地位，用"德高望重"这几个字来描述，毫不为过。可以说，前锋公司近二十年的发展历程，见证了中国燃气热水器的发展历程。经过二十年苦心经营，前锋公司凤凰涅槃般经受住了无数次生死攸关的考验，成为唯一存活到现在的国有性质的热水器制造企业，不能不说是一个奇迹。

这个奇迹，依托的是前锋人矢志不渝的初心和坚忍不拔的意志，以及求实创新的企业精神。前锋人依托精湛的技术、先进的设备，以及多年培养出来的勇于创新的企业文化，为中国燃气热水器的发展做出了卓越的贡献。1992年，前锋热水器被评为"四川省著名商标"，1997年至2002年间，前锋热水器三次被评为"四川名牌"产品。

王周全个体记忆

王周全，1950年生于成都。家中兄弟姐妹很多，全靠父亲在华胜皮鞋厂微薄的工作收入度日。八岁时，王周全开始上学。由于家庭贫困，学校减免了他的学费。

那时候，父亲一个月工资六十七元，兄弟姐妹四人读书，家中生活十分困难。因此，1968年，初中毕业后，王周全便应征入伍。他所在部队为驻藏部队，

▲ 王周全　李松林摄

营地在中印边境。三年后，他从部队转业，进入原国营前锋无线电仪器厂工作。

进厂后，王周全负责精密磨床，由一个老师傅带领，每天与一台六七十厘米长的磨床打交道。最初，他做磨床加工，老是出现磨出来失圆的问题，有时候差上好几丝。究竟是什么原因？他便寻根究底地找原因。原来是机器损耗大，使得磨床顶尖顶到轴里面，顶尖接触的不是轴的中心孔锥面。而且头架电机带动盘也已经有些松动，这需要熟练的老工人操控才能避免。

那时候，厂里的机器金贵，很多老师傅是能不换，就尽量不换。这种状况，激起了王周全的倔劲，于是他向老师傅求教，认真观察和

分析操作的每一步，勤学苦练，很快就完美解决了问题。

一年后，王周全升任车间党支部书记。1974年，又被提升为车间副指导员（相当于现在的副主任），分管车间共青团、工会，一直到1983年，改做后勤工作。

前锋厂军改民后，王周全调任前锋机械总公司，出任副经理，分管员工的生活。1984年，厂部决定在位于府青路的前锋厂区门口，开一家"侨锋干洗部"，由王周全兼任业务主管。"我之前对这种业务完全不熟悉，派我上任，无异于硬赶鸭子上架。"他说。于是，他开始做这方面的功课，申请进口了一台干洗机，当时为三万美金，合九万多人民币。

店内正式职工两人，又请了几个退休职工，如果碰上活儿太多，还会请一些临时职工。生意还算不错，干洗机运行不息，每月利润超过三千元。

他运营干洗店的那些年，府青路发生生了翻天覆地的变化，周围楼厦雨后春笋般拔节生长。在机器的轰鸣声中，他见证了府青立交的规划、砌墩，到竣工通车。

1999年，他被调到前锋股份公司退休办公室当主任，直到退休。在他走后，干洗店又运营了两三年，直到2004年被关闭。

厂区拔地起新楼

"东调"启动后，作为"东调"首迁企业，前锋集团搬迁改造，得到市、区两级政府的全力支持，于2003年4月18日整体搬迁至成都高新技术产业区西区。

2008年，一座名为"财富又一城"的城市综合体在前锋老厂区拔地而起。它是由成都前锋集团与上普实业有限公司合作、共同投资兴建的一座集住宅、办公写字楼、购物商场为一体的现代化城市综合体，是成都有名的商圈之一。

财富又一城地理位置优越，处于成都的中心地带，交通十分便利。巧妙的建造设计，使它与周围建筑完美

▲ 财富又一城　李松林摄

结合。写字楼总高二十九层，一至六层为商业，七到二十九层为纯写字楼，其中写字楼总建筑面积为两万三千多平方米，标准层面积超过一千平方米。

写字楼为框架剪力墙结构，外立面为中空玻璃幕墙。近十一米挑高大堂，铺设大理石地板及墙面。大堂内，设有咖啡厅等休闲区域。

道路在商业建筑和写字楼以及居住区间相互连通，使三个个体既独立又相交，充分连接各个部分，既能使人方便进入到各个想到的区域，又能很好地与外部交通流线相衔接，让商业、居住和工作良好有序地进行。

下沉广场，作为财富又一城的特色，汇聚了众多美味的小吃和丰富的娱乐设施。站在广场上，丰富的层次感带给人各种不同的环境体验。

而在它背后的前锋路、前锋小区，仍然坚守着那最后一丝历史味道。

强强联合求生存

从"一五"到"三线"的十年，是成都点亮东郊的炫丽开场，虽然其中包含三年"困难时期"，但这十年仍然璀璨夺目。

那个混杂着铁与火、钢筋与混凝土的年代，是东郊最为清晰的画面。各种重点工厂纷纷落户这片土地，打破了成都东郊几千年农耕文明的宁静，书写成都工业史上的传奇故事。

其中，作为刃具厂包建工厂，成都轴承厂和机床厂也曾留下光辉耀眼的一笔。

"东郊现象"添传奇

当年，成都轴承厂的筹建速度，可以用不可思议来形容，从动工到出产品，只用了四个月。

据曾在轴承厂工作过的朱正军老人回忆，当时为赶建设进度，准备工作做得并不周全。因此，一边修正施工图纸，一边搞基建和安装设备。由于条件有限，厂房都是因陋就简，车间是简易砖木结构，下半截砌的是红砖，上半截则是在竹篱笆上糊一层黄泥巴、抹一层白石灰。"地面甚至连三合土都没有，就这么用石碾子，来回碾平了事。"朱老说。

但就是在这样的环境中，轴承厂在三个月后接受了十家单位、五十二个规格、七千多套轴承的订单。三年后，出厂轴承五十五万套，创造价值四百四十五万元。这种现象在当年的东郊并不鲜见，成都史学界称之为"东郊现象"。

朱正军老人说，成都轴承厂最初也是借鸡下蛋，它生产的第一个轴承是借用量具刃具厂的车床加工出来的。

成都轴承厂，坐落在府青路二环路立交桥西侧，原本是1958年兴建的一个地方小厂。它真正壮大起飞，还是仰仗于国家第一机械工业部的支持。在三线建设的大背景下，加强内地轴承工业，建设西南轴承基地，成为一机部有关领导的战略决策。

一机部决定把成都轴承厂做大做强，办法是从上海滚动轴承厂内迁部分人员和设备厂到成都，与之合并。当时，需内迁职工三百三十六人和家属七百零九人。整个内迁，从1965年12月高层的计划酝酿、沪蓉双方签订协议开始，截至次年11月搬迁结束，历时将近一年。

上海滚动轴承厂颇为大度，不仅支援配套设备和生产骨干，还带来了一个季度生产所需的坯料和半成品、四万六千五百套合同结转任务、一装配即可出厂的五千套轴承成品。从此，成都轴承厂逐渐壮大，其产品于1968年开始出口到欧亚多国。1972年，遵照全国会议决定，四川省决定让成都轴承厂扩建生产大型和特大型轴承的综合车间，以满足国防、战备、军工以及冶金、矿山等产业对大型轴承的配套需求。

自1980年开始，军用轴承车间转向生产民用轴承。第二年，成都微型轴承厂并入。1985年，位于青白江城厢镇的四川轴承厂和四川省二轻皮革机械厂，与成都轴承厂合并，组建成立成都轴承总厂，可生产铁路货车、客车和机车轴承，以及汽车、石油钻机和轧机轴承，被中国铁道部确定为全国六家定点生产铁路轴承的生产厂家之一，并成为二汽、北京吉普、南汽等汽车行业的重点配套厂家。产品历年行销我国内地，并批量远销欧、美、非、东南亚和我国港澳台等三十多个国家和地区。[①]

1994年，成都轴承厂改组为成都轴承集团公司。2001年，成都轴承集团公司的铁路轴承项目与浙江滚动轴承有限公司，合资组建为成都天马铁路轴承有限公司。2004年5月，企业搬迁至青白江城厢镇。

轴承厂搬迁后，在原址上建成了电子科大附小蓝水湾校区。学校背后，中房·蓝水湾橙灰色住宅楼，森然屹立。如今，再也找不到当年承轴厂的半点痕迹了。

合作共赢渡难关

成都机床厂，建立于1958年，是四川省第一家内磨机床厂，机械工业部定点内圆磨床生产企业。与成都轴承厂一样，成都机床厂也是刃具厂包建的工厂，位置就在二环路北段与府青路二段交会处的西侧。在经济体制改革以前，它同机械行业其他企业一样，生产任务全部由国家计划下达，产品按照国家统一标准，由物资部门统购包销，是一个单一的生产型企业。

[①] 周明生：《沉浮东方》，成都时代出版社，2012年，第122—123页。

中共十一届三中全会之后，成都机床厂也加入到了改革行列。早在1978年，根据国民经济调整的新情况，机床厂预感到随着基本建设规模缩小，自己在生产上将面临严重困难，于是开始考虑自己的前途，希望能找到一条生存和发展的新路子。

在1979年春天的订货会上，预感变成了现实。会内会外全部订货加起来，任务量还不到1980年生产计划的四分之一，仅够两个多月生产。是坐等上级下达计划任务，还是自找门路，开展市场调节，探讨社会需求的空隙，开发有生命力的新产品，成了全厂上下十分关心的问题。

如何确定企业的经营目标？究竟要转产什么？有无成功的把握？这些问题都关系到全厂的发展战略，稍有不慎，即功亏一篑。当时同类企业转产，或直接去生产轻工产品，或转向为石油化工企业加工管道设备，这些都不符合成都机床厂的实际。

经过长时间探讨、研究以后，机床厂结合自身有利条件，决定以生产制造自行车专有设备为经营目标。正在此时，中央提出一个要在四川年产三十万辆自行车的设想，更加坚定了成都机床厂对经营目标的信心。

确定了经营目标，全厂迅速行动。至1980年，机床厂已经能生产二十四种自行车的专用设备，成套总产值为六十五万元，自行车成套设备的产值已占全厂总产值的八成。截至第二年9月，已签订合同五百二十万元，超过设计能力百分之二十。除满足当年生产任务外，还为第二年承接了一百多万元的生产任务。①

在其他兄弟厂家普遍亏损的形势下，成都机床厂还能取得如此成就，不得不说是一个奇迹！它的成功，为机械工业的调整和改革，提供了新的经验。

然而，要顺利地渡过市场经济这片竞争激烈的汪洋大海，还要走改组联合的路子。1986年，成都机床厂与成都工具研究所合并。

成都工具研究所，亦位于府青路二环路立交桥西侧，东北靠近成都轴承厂，西面毗邻沙河，南边靠近府青路二段。成都工具研究所是一个从北京北迁哈尔滨市，而后又从哈尔滨市南下巴蜀的内迁单位，在华北、东北和西南都留下了生命、生存和生活的足迹。

1955年，苏联专家马丁诺夫和我国刃具专家严晋强，以苏联的全苏工具设计院为蓝本，提出在中国建立工具科学研究院的建议。1956年，建议落实，在北京就着第一机械工业部计量检定所的基础，成立了一机部科学研究院。1957年9月，工具研究院改组。同年11月，由原工具院工具研究部门组建成的工具科学研究所，迁至哈尔滨市。

1964年，中央决定对国民经济布局进行大调整，将部分企事业单位搬迁到三线，工具科学研究所也在搬迁范围内。1965年初，成都按照国家"三线"建设的部署，为其内迁做准备，成立了成都工具研究所筹备处。利用成都量具刃具厂复杂刃具车间和砂轮窑报废的危险建筑，筹备处改建了办公楼、试验车间，同时建成九个实验室，总建筑面积达到七千多平方米。同时，为解决内迁职工的住宿问题，还利用

---

① 李少宇、崔新桓：《走机械工业发展的新路子——成都机床厂给我们的启示》，《经济理论与经济管理》，1982年第1期，第7页。

刀具厂的职工运动场，新建研究所宿舍。

1965年10月，一机部工具研究所从哈尔滨市内迁至成都，并更名为第一机械工业部成都工具研究所。1971年，成都工具研究所由一机部下放，归四川省机械厅管理。当年，美国惠普公司推出了HP6625A双频激光干涉仪，西方国家对我国严格封锁禁运。国内有近十家科研单位和大学，陆续开始自主研制激光干涉仪，成都工具研究所也不甘落后，于1974年建立了激光干涉仪研制小组。

不完整的专利资料，没见过He-Ne激光器，没有奖金与加班费的客观事实……靠着一腔热血，成工所的研究人员摸索前进，在1981年完成了整机研制。在此基础上，成工所在国内率先开发了双频激光干涉仪产品，1983年参加莫斯科举行的经济贸易展览时，获得不错的评价。

除此之外，成都工具研究所还率先在国内，自主成功研制了硬质合金石油管螺纹梳刀，填补了国内在这一领域的空白。

1986年，成都工具研究所与成都机床厂合并后，强强联合，在更适宜的环境中，推动它们在精密切削、测量等方面不断向高精尖方向发展。1998年，经国家科技部批准，成为"国家精密工具工程技术研究中心"和"国家工具生产力促进中心"的依托组建单位。1999年，经贸委批准工研所改制为科技型企业，隶属中国机械装备（集团）公司。[①]

2002年，成都市工具研究所搬迁至新都区，并在次年与湖南大

---

① 成都市成华区数字方志馆·地情平台：《成都工具研究所：幸有三迁，"一张白纸"变"国内领先"》，2018年7月12日，网址：www.cdchdfz.com。

学、江苏大学等七家单位，组建了成都工研科技股份有限公司。

工研所搬走之后，在其旧址上，修建了一家以中式风格与现代化设施相结合的三层酒店——豪丰酒店。米黄和深红相间的墙柱，在府青路上十分醒目。

酒店旁边，是富临·沙河新城小区。2018年初冬，我来到这里时，小区银杏正黄，有一种说不出的明净和安宁。

敢教日月换新天

　　20世纪50年代初期，国家"一五"计划实施，作为全国八个重点建设的中心城市之一，自古以来以农业、商业和小手工业发达著称的成都，开始朝着初步实现社会主义工业化的方向扬帆启航。成都东郊成为以电子、机械、仪表工业为主的大型工业区，与西郊黄田坝、西北郊铁路新村一道，成为成都的"铁半城"。

　　半个世纪以来，随着时代需求变化，东郊工业区突出的"热岛"效应、严重的环境污染、滞后的市政设施，逐渐成为城市发展的顽疾沉疴，考验着新时代成都政府的治理智慧和政策决心。

绝地求生谋突围

　　自20世纪90年代中期开始，全国各地老工业基地生产规模和企业效益急剧下滑，成都东郊工业区也不例外。进入21世纪，东郊企业的工业总产值占全市比重下降到两成以下，企业平均负债率高达百分之七十以上，利润亏损六千万元，大批企业破产。而且，随着社会经济迅速发展，这些工业区逐渐沦为成都中心城区的"贫民区"。国企职工生活艰难，数万职工下岗，在岗职工收入连年下降，集体上访和聚众闹事等群体事件频繁发生。企业困难不仅严重影响职工生活水平，也严重影响全社会的和谐稳定。

不仅如此，东郊工业区成为影响成都城区环境质量的主要"污染源"。大量工业污水直接排放，沿线排污口多达两百五十个，年流入污水近三千八百万吨，使贯穿东郊工业区的沙河，成为一条污秽不堪的臭水沟。

"工厂里的废水和生活污水，都排到河里。河水又脏又臭，漂满了垃圾。"家住李家沱附近的周女士说，"河里淤泥堆得很厚，到了夏季雨天发大水，洪水会涨过堤岸，淹没田地，危害住房。"

不仅如此，工厂产生的废气和烟尘也在危害附近及市区居民的健康。据周女士回忆，当年每天早晨起来，可以看到外面玻璃、草木上，都会落下一层烟尘，好像打了一层霜似的。

外地取经为东调

到20世纪末，东郊工业区问题，已越来越影响到成都经济社会的发展和城市规模的扩张，关系到四川的投资环境和对外形象，彻底整治、尽快整治的要求愈发迫切。成都市为此投入了大量人力、物力，但"头疼医头、脚疼医脚"的老办法，始终无法彻底解决问题。

成都东郊工业区结构调整迫在眉睫，但"东调"面临的严重困难和问题也是前所未有的。俗话说，"不会做鞋，旁边有样"，2001年4月至7月，成都市先后派出了两支考察团，分赴上海、苏州、北京、大连、武汉等城布，考察当地工业企业搬迁改造的情况。考察结果显然增强了成都"东调"的信心，市领导得出结论："成都与沿海地区的差距在工业，成都的潜力和希望也在工业。要通过'东调'，重新打造工业，实现新的跨越。"

"东调"事关重大，必须尽可能地减少失误，科学决策尤为重要。为此，市经委又特别邀请专家学者对"东调"的可行性进行论证。论证显示，在国企改革深化的大背景下，职工对企业搬迁改造的承受能力增强；市区周边区（市）县不仅有接纳城区搬迁企业的积极性，而且还有足够的能力。论证最为鼓舞人心的一条理由是，假如政府投入足够资金整治沙河，营造东郊的宜居环境，必然带来难以估量的良性后续效应。土地必然升值，如此一来，利用级差地价，即可解决搬迁的巨额资金问题。

2001年8月8日，是一个历史性的时刻。这天，市经委《关于成都市东郊工业区结构调整的思路和建议》已经成都市政府第六十一次常务会议通过，中共成都市委、市政府作出了重大决策——实施东郊工业区结构调整。这场波澜壮阔的国企大搬迁，涉及一百六十九户规模以上工业企业、三百二十二亿工业资产、十五万余从业人员、一万六千多亩土地，不仅展示了"成都速度"，也向世人昭示了"成都决心"。

"东调"的总体目标非常明确，通过搬迁改造，调出一批具有核心竞争力的企业，培育一批具有市场竞争力的产品，形成一批产权多元化、建立现代企业制度的企业集团，构建工业新优势。

企业集体大搬迁

2001年，成都市委、市政府正式作出"东调"的重大决策后，当即定下了第一批搬迁的两个试点企业，其中之一就是前锋集团。

在此之前，前锋集团下属有个电子仪器厂，电子部拨款两千万元，要求搞电子仪器的技术改造，但这个厂的厂区狭小，根本没法实施。集团和该厂就酝酿把电子仪器厂搬迁出去，并相中了具有浓厚产业氛围和良好发展机遇的郫县经济开发区（后来成为成都市高新技术产业开发区西区），初步打算征五十亩地作为该厂的新厂址。岂料成都市不仅要搞"东调"，而且还把前锋确定为"东调"的试点企业，实在是机缘巧合！公司董事会和经营班子的高管们大喜过望，当机立断抓住这一历史机遇，立即实行，配合东调。

前锋早前跟郫县签订征地五十亩的合同，现在申请改为征地两百亩。为引进前锋集团，郫县县委为企业排忧解难，创造条件，加紧搬迁农户，迅速进行基础设施建设。

前锋是国营老厂，厂区的一砖一瓦，都凝聚着创业工人们的心血。2001年秋天，眼见得自己亲手建立起来的一切即将废弃，很大一部分离退休职工和部分在职员工都难以接受，寝食不安，胆大的甚至赶到厂区，指着厂领导，骂他们是败家子。公司领导非常理解大家的心情，采取了一种人性化的方式来化解怨气。

公司通过自己的报纸、广播，进行了大量的宣传教育工作，在员工中先后组织职工骑游、参观，亲眼见证新厂区的建设进程。当他们亲见一号厂房已经矗立起来，厂区其他厂房土建工程也在紧锣密鼓地进行，许多职工方才放下心来，转忧为喜。

2001年8月18日，新厂区正式破土动工，2002年年底开始搬迁，于2003年4月18日举行了新厂区落成典礼——"前锋集团高新技术产业园暨厂庆四十五周年庆典"。仅一年半时间，前锋集团便顺利完成了整体战略西迁。

原前锋厂职工刘师傅对此记忆犹新。"工人们来自全国各地，在这里安家落户，辛辛苦苦工作一辈子，老了还得拖家带口再次迁移。"他说，"这里面的艰难与苦涩，只有经历过的人才能够体会到。"

那时候，刘师傅已经退休。对于老厂的搬迁，也曾很不理解。据他回忆，在那段时间里，整个东郊到处烟尘滚滚，到处是搬迁拆除的场景。爆破的烟尘、搬家的货车、迷茫的面孔……与五十多年前百废待兴、热火朝天的建设场面截然不同。很多老工人掩面痛哭。

"东调"过程中，像前锋这样的企业还有很多，如成实厂、肉联厂等在搬迁的过程中，都曾十分不易。可是在政府以及相关部门齐心协力的推动下，在绝大多数东郊企业的支持下，五年艰苦努力换来了预期的回报。大部分"东调"企业经营状况日趋好转，城市功能显著增强，生态环境明显改善，产业布局也得以优化。

2016年3月，继联谊果品市场提前完成拆除后，成都中心城区最大的果品批发市场——驷马桥果品市场也正式关闭，经营商家整体迁往彭州市濛阳镇，老市场开始封闭式拆除。随后，五一二建材市场、八里庄二手市场等也陆续搬迁。据统计，先后共搬迁商家六万五千余户，转移从业人员约四万人，腾出二环到中环土地约六十五万平方米。与此同时，片区随之启动基础设施、公建配套项目十个，不久片区道路主骨架基本形成。

同年10月，东郊工业企业基本完成了搬迁改造。在驷马桥市场片区，昔日嘈杂的叫卖声被机器轰鸣所取代，施工人员对商铺和附属建筑进行封闭式拆除。在调迁完成以后，这里将重点发展商务办公、休闲娱乐等高端产业，转型升级为区域副中心。现在，在二环边五一二建材市场旧址，"永立·星城都"封顶，"成都味道"商业街开街，紧接着永立国际大厦、五一二国际广场开工，建设成了城北新地标。

街巷记忆

关于府青路街巷的记忆，似乎更多地与共和国成都东郊工业文明联系在一起。

　　火车汽笛的尖啸、喧嚣的大型市场、工厂高耸的烟囱，等等，似乎是府青路褪不去的记忆。府青路街巷的历史，也可以追溯到更为久远的年代。

　　两千多年前，司马相如离蜀求取功名。他路过驷马桥头、高车路上时，在桥廊上大书立誓："不乘高车驷马，不过汝下。"驷马桥由此得名，后人来此，怀古之意、思贤之心，不禁油然而生。

　　在铁路工厂开启东郊工业时代之前，府青路与成都的气质一脉相承，一街一巷，一草一木，无不像一张张历史活页，洋溢着老成都的气质和情趣。

府青路上话当年

府青路，因浓缩了道路两头地标名称而得名，南端是府河，东北端便是东山五场之一的青龙场。府青路建成于1956年，因一号桥连接1954年新开的道路红星街，在20世纪60年代便改名为红星北路。

红星路最早出现在1964年，是由原来的红星巷（今三槐树街西口至玉皇观街西口之间）向北延伸至府河形成红星街，红星街再向南延伸至新南门大桥，形成的一条南北主干道。1966年，红星路又向南北延伸，形成北至八里庄、南至磨子桥的一条长延伸大道，其中八里庄至红星路大桥（现红星桥，俗称一号桥）为红星北路，一号桥至新南门大桥为红星中路，新南门大桥至磨子桥为红星南路。

1981年地名普查，原来的红星北路才更名为如今的府青路，并分别以一、二环路为界，将府青路分为一、二、三段。一段从红星桥至一环路。这一路段跨曹家巷、马鞍东路，重要的企事业单位有四川石油管理局、石油勘探开发设计院、四川省外贸进出口公司以及成都市建筑第二公司等；东郊军工厂建设的主力军省建三公司等建筑企业，就在曹家巷。

二段起自一环路北四段与东一段的府青立交桥，至二环路刃具立交桥。这一路段横跨府青路沙河大桥，道路两侧如今多为商家、学校、民宅和政府机关，但以前却是工厂企业相连，前锋无线电仪器厂、成都轴承厂、成都机床厂、四川粮油食品进出口公司冷藏加工

▲ 府青路街道办事处　李松林摄

厂、量具刃具厂宿舍区等皆在这里。

三段则南起刃具立交，北抵八里庄路和驷马桥路交汇处。如今道路东侧有府青巷，连通八里小区；西侧现在正拆迁规划城市景观，以前是五一二厂、成都肉联厂、成都肠衣厂、中国集装箱总公司成都分公司、成都公路集装箱运输中转站等企业所在地；南端东侧则是成都量具刃具厂，著名的地标建筑红楼就在路旁。成立于1958年的府青路街道办事处，驻地就在府青巷4号。

在府青路与二环路东一段相交的地方，是成都量具刃具厂。今天，府青路立交桥，也叫刃具立交桥，即因刃具厂而得名。

红色的外墙、尖顶的塔楼，浓郁的苏式风格，使之成为当时东郊的标志性建筑。因其外墙为砖红色，故又称之为红楼。

以二环路为界，二环路北面是刃具厂厂房，南边则是一大片职工宿舍。刃具厂职工来自五湖四海，乡音不同，风俗习惯也各异，但他们在这里，共同书写了深厚而温暖的友谊。

在刃具厂宿舍区的那些年，无论是坝坝电影，还是联欢庆祝晚会，都构成了许多人生命中最美好的记忆。

自2006年刃具厂搬迁后，职工宿舍也被拆迁。原刃具厂宿舍旧址，现在建成玛塞城和商住楼了。刃具厂宿舍区，就是今天的玛塞城中央大道，是一片高层的商住楼。

沧桑巨变转眼间

作家温月回忆起半个世纪府青路的巨大变迁，不禁心生慨叹。儿时的他，曾跟随大人走过那里，依稀记得是郊区，不像城里那么热闹。

1978年夏天，府青路第一次给弱冠之年的温月留下清晰的印象。那时，他刚参加工作未足两月，在成都日用杂品公司青羊宫采购批发经营部当营业员。一天，经营部主任安排他和另一位青工小余，跟随采购员老肖到公司五三三仓库提货。按照流程，一番忙碌后，他们很快办妥了提货手续。由于老肖是这里的熟人，仓库管理员见其忙得满头热汗，便请他喝茶小憩。

温月和小余都是初来乍到，坐不住，便干脆溜到仓库大门外的树荫下抽烟闲聊。当时正值7月酷暑，烈日炙烤下的府青路，很少有行人，驶过的汽车也不多，显得空旷而寂寥。微风拂过，树叶萧飒，声声蝉鸣歌唱着府青路的夏天。

五三三仓库，始建于1962年，坐落于府青路三段，是成都日杂公司占地面积和仓储容积最大的仓库，与成都量具刃具厂仅咫尺之遥。

初建时的五三三仓库，形态简陋，一如当年的府青路。楠竹搭建的货棚，竹竿夹成的围墙，与府青路边小河沟旁蓬生的蒿草，以及周边农家、菜畦一起，构成了一幅典型的城郊风景画。然而在1978年7月的这个夏日，温月第一次来到五三三时，它业已改头换面，全部改建成了瓦顶砖墙的标准库房。唯有门前的府青路依然如故，路面狭窄，尘土飞扬，并无多少变化。

根据20世纪50年代的规划，毗邻八里庄火车东站货场的二仙桥和府青路，是成都市的仓库所在地，因此不少工矿和商贸企业，为便于原料与货物运输，都把仓库建在这一带。仅温月所在的供销系统，就有日杂公司的五三三、五一三、二仙桥等仓库，果品、土产和棉麻公司等多家单位的仓库也聚集于此。在他看来，"府青路俨然一条连结全国各地的工贸物流走廊"。

仓库对面是成都肉联厂，水泥浇注的冻库，显得高大而雄伟。厂门前停放着一长溜卡车，车厢满载活猪，正在等待厂方验收。它们挤在铁笼里，难耐暑热，躁动不安。温月说："在我的记忆里，1978年时的成都，由于经济逐渐复苏，川猪旺盛出栏，凭票购买的猪肉，其供应较以前已有所放宽，甚至一度还免收肉票。我和同事小余在府青路成都肉联厂前目睹的长长的送猪车队当是一个印证。"①

1989年11月，为适应商业流通体制改革，成都日用杂品公司以五三三仓库为基地，在市政府的支持下，联合府青路周边多家企业，成立了全国第一家仓储市场，对外提供仓储服务，时任市长刁金祥还亲笔题写了"成都仓储市场"的门匾。仓储市场兴盛之时，府青路上奔波忙碌的各地客商络绎不绝。

二十三年转眼即逝。2001年，温月顶着8月的炎阳，故地重游，再次来到五三三仓库。此时的五三三，已不再是装满"竹木棕藤草、陶瓷铁石砂"等传统日用杂品的仓库，而变成了当年成都市最大的不锈钢材料批发市场。

20世纪90年代末，由于行业属性和经营业态的剧烈变化，五三三盛景不再，再度落寞。为扭转颓势，充分利用闲置仓容，发挥资产优势，并紧盯市民百姓对现代建筑装饰日益高涨的消费需求，日杂公司依据地域特性，决定在此开办不锈钢材料专业市场。

他此次前来，是按照公司《日杂市场报》编辑部的安排，对不锈钢材料市场进行实地采访。远远望去，耸立在大门上方的"府青路不锈钢材料市场"十个大字，在骄阳下闪烁着耀眼的红光。

进入市场，眼前景象，迥异于当年，昔日阔达两万平方米的库区，如今招牌醒目，店门洞开；客商熙攘，人车来往，好一派红火繁忙的场景！切割钢材的电锯声、制作饰件的敲击声、焊接产品的电焊声、卸装货物的喧哗声……声浪涌来，撞击耳膜，仿佛是一首合金交

---

① 温月：《府青路的夏日印象》，《沙河风》，2015年第4期，第24页。

响乐!

　　其实,这也是府青路仓库一带各家企业顺应市场需求,与时俱进,转型经营的普遍之举。譬如,果品公司利用自己冻库的资产优势,开办了果品批发市场;土产公司腾出仓库地盘,建起了蔬菜及副食品市场;就连曾经"肥"得让人垂涎三尺的成都肉联厂,也在企业转型之后,凭着冻库这项优质资产,做起了存储火锅食材的生意。

　　在经济改革的时代大潮中,府青路见证了国有企业体制转轨、经营转型的深刻变化。

　　2011年6月,因"北改"需要,不锈钢材料市场那回荡在府青路畔十余年的合金交响乐,终于要曲终人散。高大的库房、鼎沸的市场,都终将隐没于历史。而根据规划,一个现代化的商住两用楼盘,不久后将在这里崛起。

　　2015年夏天,温月再一次来到五三三。伫立在五三三的大门前,纵目四望,感慨良深。1978年夏日以来,世事如风,三十七载光阴流转,府青路早已改变了曾经的模样。

　　21世纪的府青路,和成都这座城市一起,在经济的高速发展中,逐渐改变了旧貌。车流涌动,商场林立,高架桥如长虹飞架,大楼盘高耸入云。路南端,量具刃具厂的苏式塔楼,也穿上了惹眼的红装,成了人们怀旧的景观。

　　府青路,这条昔日成都东北郊重要的工贸物流走廊,已然脱胎换骨,成为一条盛世通衢。

▲ 府青立交　李松林摄

高桥飞架如长虹

1987年8月，随着一环路扩建，府青立交桥破土动工。那时候，成都本地建筑公司全无修建立交桥的经验，于是从天津请来"外援"。当时《成都日报》这样报道："当时天津人不仅带来了我们不会的技术，还带来了我们没有的机具设备，比如挖掘机。""以前路桥施工，都是靠人工开挖，肩挑背扛，挖掘机一下去就相当于几个人挖的量，然后一'扭头'就把泥巴甩到旁边了。这个效率人工没办法比。"

工程进展极为迅速，修这座桥仅用了四个多月时间，同年12

月，主体工程就已基本竣工。桥梁跨度一千三百多米，为钢筋混凝土坦肋拱，两侧引桥一千两百米，桥面宽九到十九米，桥梁面积一万六千八百平方米，是一座巨大的转盘式立交。这一独特的造型，主要是因为当年府青路上无法修建互通立交，所以引进了当时在国内属于先进水平的环形立交桥的设计理念，既提高了机动车的通行效率，又实现机非分离，保障了来往的安全。同一时期，天津、广州等很多城市，这种环形立交桥都已十分普遍。[①]

除了便利交通，当年这座被誉为"成都一号立交桥"的主要枢纽，还给附近市民留下了许多美好回忆。家住府青立交附近的吴先生说，当年这座新桥在成都人眼中，可谓"成都一号立交桥"。他在东郊住了近半个世纪。据他回忆，府青立交建成后，大转盘下面每晚都有很多人散步；每逢夏天，三三两两的人坐在下面纳凉。"每到傍晚，大转盘下有卖烧烤的、卖凉面的、卖冰棍的，叫卖声与汽笛声混杂在一起，虽然嘈杂，却也十分闹热。"

进入21世纪以后，堵车情况就经常出现了。随着时间推移，成都的车辆越来越多，从城北进出城，一环路府青路老立交桥上，常常堵得一塌糊涂。短短一百多米的桥面，很容易遭遇五六个堵点。

为缓解交通拥堵，2012年在一环路方向修建双向四车道跨线桥，跨越一环路府青路立交桥，同步进行给排水、燃气、电力、通信等市政管线迁改，以及路灯、交安设施、绿化景观、底层道路恢复等附属配套建设工程。从此，城北进出城通道在一环路遭遇的交通节点不复

① 成都市成华区数字方志馆·地情平台：《边界（五）｜成华金牛：府青路一段与成都最早的立交》，2017年10月20日，网址：www.cdchdfz.com。

存在。

2015年，府青路立交转盘上，又新修了一座横跨一环路的跨线桥，长一千零二十一米，桥宽十六米，为双向四车道。跨线桥修建同时，保留了现有的一环路转盘式立交。跨线桥于第二年初建成通车，与红星路北二环外部的快速路（即府青路三段—刃具立交桥—青龙场高架桥）实现"无缝对接"，最终融为一体。一环路府青路立交则作为成都最后一座转盘立交，以其东郊老坐标与交通枢纽的双重身份继续屹立在一环路上。随着红星路路面整治工程结束，府青路—红星路一线成为贯通城区南北的重要干道。

今天，在这段道路交界上，一环路府青路立交成为了一个特别具有时代特点的地理坐标。城因水兴，市缘路起，这段道路上的沧桑故事，终将成为成华历史里城市变迁的最好见证。

梧桐萧飒三友路

中国文学素有借物抒情、托物言志的传统，坚毅挺拔的青松、经冬不凋的翠竹、傲雪报春的冬梅，它们虽系不同科属，却都有不畏严霜的高洁风格。又因它们在岁寒中同生，历来被中国古今文人们所敬慕，被誉为"岁寒三友"。苏轼《游武昌寒溪西山寺》："风泉两部乐，松竹三益友。"

三友路，正是因"岁寒三友"而得雅名。三友路北起二环路北四段，南至一环路北四段，长一千二百米，宽二十米。根据《成都地名掌故》记载，因本路段连通一环路北四段、二环路北四段以及华油路，故取"岁寒三友"之意，得名"三友路"。

▲ 三友路　李松林摄

不过，成华区与金牛区在三友路段的界线，并不包含三友路全段，而是从一环路北四段前锋医院路口起，向北到沙河桥（即三友桥）为止，全长九百四十米左右。道路西边是金牛区的驷马桥街道，东边则是成华区的府青路街道。

梧桐应有凤凰栖

行走在三友路，两旁的法国梧桐，在微风中，树影扶疏，于高楼大厦之间，别具几分人世的闲情。

自20世纪90年代，中房集团开发李家沱片区开始，三友路就迎来了新生。门挨门的店铺、林立的商品楼、平整宽阔的柏油路，使三友路焕然一新。

三友路从南向北，成都大学附属中学、三洞古桥公园、四一六核工业医院等，都是比较典型的地标；连接三友路的平安正街上，还有李家沱实验小学。

核工业四一六医院

四一六医院，传承百余年办医历史，底蕴深厚。清宣统三年（1911），清末状元、著名的实业家张謇创建苏州医学院。1959年，苏州医学院建立附二院。为支援核工业三线建设，苏医附二院全体医务人员，以及附一院数十名医疗骨干，于1970年集体内迁到四川内江，组建成二机部西南四一六医院。后经中央编制委员会批复，定名为核工业四一六医院。

▲ 核工业四一六医院　李松林摄

　　为能更好发挥核工业西南地区中心医院的作用，1989年按照国防三线调整的统一部署，医院搬迁至成都，正式命名为"核工业四一六医院"。

　　核工业四一六医院，西临沙河，南靠三友路，北接二环路，占地约四万五千多平方米，是一所集医疗、教学、科研、预防、保健为一体的三级甲等综合性医院。经过三十多年发展，医院逐渐成为以核医学科、心内科、创伤外科等为特色的大型综合性医院。

成都大学附中

　　经过三友路，可看见梧桐掩映下的成大附中大门和围墙，一种清幽静谧的感觉便油然而生。校园宽敞而明亮，亭亭绿树、茵茵碧草，与红灰色的楼房对比鲜明，却又分外和谐，这是一座园林式的校园。

▲ 成大附中校门　李松林摄

成都大学附属中学，成立于1992年，占地两万平方米，是成都市首批市级重点中学、省级德育先进集体，以及国家级课题研究实验基地。该校受成都大学和成都市教育局双重领导，属于新型改革实验学校，以"优秀学生多，全面素质好，教育质量高"而享有盛誉。

李家沱实验小学

短短几百米的平安正街街区，囊括了公交宿舍、省建行宿舍和军区大院。李家沱实验小学就位于这条街上。实验小学创建于1999年，坐落于美丽的沙河之畔。其前身松柏村小学，始建于20世纪20年代，有着近百年的办学历史。

学校占地八千七百多平方米，整体布局近乎标准的矩形。学校拥

▲ 李家沱实验小学　李松林摄

有一流的教学设备、规范的学生活动场地、错落有致的环境，拥有浓郁的校园学习氛围。校园内花木扶疏，草坪新绿，有幽静的长廊，有造型别致的假山、水池，有生机勃勃的学生劳动园地。

中房一幼、中房二幼、实验小学、成大附中，见证了李家沱孩子成长的轨迹。穿着成大附中红蓝白校服的孩子，骑着自行车穿梭于随风摇曳的法国梧桐下，是多少年来三友路上常见的情景。

三友书刊、好望角和爱心文具，堪称当年三友路上的三巨头。如今只剩下三友书刊，仍在原地坚守。走进去，仿佛时光倒流，昨日重现，有一种淡淡的怀旧的伤感。

成都银行楼上的各大补习学堂，承载了无数人学生时代的烦恼，补不完的课，上不完的特长班，连同那些在水吧一条街喝奶茶、赶作业的日子，共同织就青春时代明亮而温暖的日常琐碎。但随着店铺的更新换代，那些记忆也早已一去不复返。

烟火袅袅食客意

三友路一带，就是美食江湖。

成大附中前十字路口一带，纵横的街区，排列着大小店铺。鲜活的烟火气息，勾引着各路吃货，来此大快朵颐。

1998年，成都第一家庄子村酒楼在三友路隆重开业。它以简约的装修风格、清幽的用餐环境、传统的成都家常菜，共同构筑了一代人关于家常川菜的味觉记忆。沸腾蛙、凉拌鸡、特色花椒鱼、酸汤肥牛、玉石牛柳，都是酒楼的招牌菜品。

蜀滋香鲜鱼火锅，辣而不燥、油而不腻、让人唇齿留香，自2008年开业以来，一直人气十足。黔鱼、红沙、黄辣丁、深水花鲢鱼，现点现杀，蘸料丰富；配上糖衣糍粑等自制小吃，深受食客欢迎。那时候，李家沱人晚上聚餐想吃鱼，不到蜀滋香，就到万州烤鱼。这两家老店是三友路资格最老的深夜食坊。

蜀滋香旁边的毛豆蹄花，是一家搭着凉棚的路边摊。二十多年来，每当夜幕降临，小摊便开张营业，店主戴上眼镜，专心烹饪蛋烘糕。这里许多人都认识他，亲切地叫他"毛豆叔叔"。那些年，路过摊前，点一份蛋烘糕，经典的豆腐牛肉馅，分量扎实，价格实惠，味道也恰到好处；抑或吃上一碗药膳蹄花，那股温润身心的感觉，真是一种幸福。

　　附近平福路开了十多年的口味鲜面庄，李家沱人都不会陌生。口味鲜面、口味鲜抄手和口味鲜鸡片，是店里三大必点单品。面庄早、中、晚生意都十分红火，一到饭点，拼桌是常态。同在一条街的两家老字号鸭子店——温鸭子和君乐园烤鸭，一冒一烤，也都是李家沱人餐桌上不变的美味。其中，加了鸭血的卤水冒烤鸭，是他们的经典单品。

　　位于平安正街的欧阳砂锅，靠着好口碑和好味道，成了李家沱人心目中的大众食堂。双椒牛腩、茄子烧带鱼，是他家两大特色招牌砂锅菜。老板推荐的凉拌萝卜丝，看似平凡无奇，实则味道惊艳，是店里隐藏的王牌。

　　三友路桥头夫妻档的小面摊，是出租车师傅、加班晚归人的移动小食堂。一碗热气腾腾的卤肉面上桌，很容易刺激食欲。隔壁的串串店，生意照常红火，就着矮小的桌椅，和陌生人拼个桌，偶尔谈天说地，各自吃着宵夜，生活仿佛更加鲜活。

古桥公园水文化

　　成华区境内有三座古三洞桥，它们分别是古上三洞桥、古中三洞桥和古下三洞桥，都是沙河的独特景观。

　　古上三洞桥，位于原圣灯乡平安村境内，为清光绪年间修建的一座红砂石三孔平栏石拱桥，桥宽五米有余，中拱近五米高，跨度约三十米。桥墩上有石刻龙头凤尾，桥栏上有石刻兽雕，做工精致。新中国成立后，虽经数次修补，但原貌尚存。

▲ 古上三洞桥　李松林摄

2004年，综合整治沙河时，对古上三洞桥进行修整，以"保持原貌神韵，符合现代功能"为原则，让城市的记忆得以延续。于是仿照古桥原貌，重新修建了一座青色砂石拱桥。两边栏杆上锦鲤、荷花的青石浮雕群，显得古色古香。桥头两端分别立有上覆瓦脊的四方屋檐方形石柱，桥头两对立石柱面铭刻"上三洞桥"四个篆字。

古中三洞桥，坐落在圣灯乡马鞍村境内，于清嘉庆年间修建，光绪二十年（1894）重建，中拱仍保留有"嘉庆"等字迹，模糊可见，也是用砂石建造。桥长二十二米，宽五米，高近九米，跨度二十米，桥栏上有龙、狮等石刻浮雕装饰。①

① 成都市成华区数字方志馆·地情平台：《上善之德》，2016年6月17日，网址：www.cdchdfz.com。

▲ 沙河三洞古桥公园入口广场　李松林摄

　　而古下三洞桥，则位于原圣灯乡踏水村，有人叫踏水桥，未辨真假。古下三洞桥何时修建已不可考，目前只知光绪五年（1879）重建为三孔石拱桥。1954年，因修筑道路，改为木桥。据当地老人回忆，20世纪六七十年代，历经风吹雨打，下三洞桥木头已多处朽坏，部分断木掉落沙河，随波逐流。1973年，改建为钢筋混凝土双曲拱桥，单孔净跨三十米，桥宽二十米，人车分行。如今，古下三洞桥的仿制品，放置在三洞古桥公园内，供人观赏。

　　沙河三洞古桥公园，西起三友桥，东迄泰兴路，北以沙河为界，南至李家沱小区，占地面积约五万三千平方米。

　　公园于2004年建成，为沙河八景之一。公园由入口广场、水帘墙广场、音乐喷泉、三洞古桥、亲水廊道、木马栈广场等几部分组成。几个空间，由线性自由的环状园路，连成一个浑化无迹的整体。

公园通过喷泉、水渠、水源广场、假山水池、方格水池、卵石驳岸等景观，展现了川西平原水利格局，再现蜀人治水文化。水源广场南面，各种奇形怪状的巨石，堆叠成中间低、两边高的假山，长约二三十米。高达十多米的假山瀑布，以及若干喷泉，气势磅礴，蔚为壮观，蕴涵了蜀人治水勋业如山高水长、永垂青史的深意。

广场北面，是镌刻古蜀治水历史画卷的环状文化景墙。景墙高三米许，长五十来米，中段设有门洞。两边各有三堵高大的石墙，各自形成拱形门洞，俱以石柱相连接，如同多孔天桥，显得庄重而大气。

右边开篇石墙，刻有"古蜀治水"四个篆字，道出了文化景墙的主题。自右至左，六堵石墙上面，分别镌刻着古蜀六位先贤治水的故事，场面壮观，人物生动，并且各具特色，制作精美。

例如，在"李冰治水"图中，蜀郡守李冰屹立中间，腰挂长剑，身体倾斜，挥动右手，广袖飘飘，指挥治水施工，其脚下江水滔滔，汹涌澎湃。画幅上方有庙观，或为都江堰伏龙观。李冰身后，站立三人，皆持长锸，或挂或扛，姿态各异。左下方有三人，亦各执长锸；右下方亦有三人，合抬一筐卵石，奋力前行。

李冰右手前方空白处，刻有李冰治水的简介："战国秦时蜀郡守李冰，率民凿离堆，壅江作堋，筑飞沙堰，穿二江成都之中，终成就为都江堰无坝自流灌溉水利工程。成都因之而成沃野千里之陆海，居给人足之天府。"

除此以外，还有其他五位治水英雄的景墙画，分别是"大禹治水""开明治水""文翁治水""诸葛亮治水""高骈治水"，全都内容完整，造型生动，扣人心弦。

景墙中段门洞，顶部横幅匾额铭刻"岷山导江，东别为沱"八字，道出古蜀治水特色。右边勒文曰：

夏禹兴于西羌，治水始于岷山，其法是：随山别本，标识水路，顺应水道自然流向，整理岷江扇形水系，正流用以灌溉，别流则东向分沱泄洪，因蜀人方言称蓄水之沮水沱为"沱"，故蜀人这种独特治水方法，被《禹贡》总结为"岷山导江，东别为沱"。

左边铭文，具体讲解"东别为沱"的含义：

都江堰总束岷江上源，向东分别为三沱：一为沱江，二为青白江，三为流江，皆为岷江"东别为沱"的产物。沙河自古即城市泄洪道，其上源从北府河向东分出，下流则返回南府河，乃府河（古称郫江）"东别为沱"之产物。

门洞背面顶部横书匾额"江山形胜"四个大字，门洞两边镌联云：

天形欹野尽，南自象井，垂巘环陆海；
水势让山回，东别为沱，万渠绕蜀乡。

　　该联用文学语言描绘了蜀地宏观地形，以及古蜀治水后，平原水势退去、田畴肥美的天府美景。落款为"甲申仲冬谭继和撰"。甲申，即2004年。

　　景墙北面毗邻沙河，沿岸堆列无数卵石，大大小小，各具形态，形成别有韵味的卵石驳岸。从这些奇形怪状、颜色各异的卵石，可以想见沙河当年春汛时洪水之猛烈，这些卵石从岷山被裹挟卷带而下，长途随流滚动，互相摩擦碰撞，经年累月终于形成如此模样。鹅卵石阵的中间，专门用细卵石铺成了一条人行通道。卵石驳岸上覆高大的林荫，倒影在沙河里，映带着河水，催波东流。

　　公园东侧的茶文化雕塑，体现了川西悠久的茶文化和休闲文化。还有形式各异的喷泉，喷射出各种形样，展现了沙河丰富多彩的水文化。

　　建成后的三洞古桥公园，成为人们休闲的好去处。在公园附近，餐饮行业聚集，有仔姜辣米王、刘一手毛肚火锅、大回水汤王、谢记兔头馆等，还有茶庄、茶楼。一到晚上，灯火辉煌，休闲的人们，都可以在这里领略生活的悠闲。

名人逸事

作为成都东郊现代工业文明的重要一环，府青路装满了建设者和创业者的奋斗故事。他们从五湖四海，带着南腔北调，怀着同样梦想，来到这里，为共和国的工业化添砖加瓦。这里有传奇工程师，走出过全国首富，造就了知名歌星。

　　他们的追求与遭遇，与国家命运紧密联系在一起，是一段历史的缩影。在府青路过去的半个多世纪里，这样的人生和故事，几乎每天都在上演，最终汇聚成东郊的辉煌篇章。

工程师胡均国

在采访胡均国老人之前，我听说他身体很不好，需要调养休息。

我打电话过去，说明来意。他爱人蒋顺英接听后，歉然道："他这一生啊，没有什么大的成就，不值得报道。"我隐约感觉到，他并不情愿接受采访，但在我的软磨硬泡下，他最终还是应允了。

2019年7月一个上午，我敲开了胡

▲ 胡均国　李松林摄

老的门。甫一进门，我就发现他已经很老了，而且行动也十分不便。我内心很是不安，甚至深为自责。

胡老身材高大，穿着T恤短裤，背靠在沙发上，眼里闪着光，显露出与他这个年龄不相匹配的青春活力。"谈些什么内容呢？"他说，"来成都五十多年了，也没能改变我的武汉口音呢！"

穷人孩子早当家

1939年4月15日，胡均国出生于湖北省应城市城关镇兰家西村。父亲年轻时，不幸患有肺痨，终年哮喘，不能从事繁重农活。因此，父亲只能另谋出路，于是发奋读书，以求得一官半职，自立于世。父亲十八岁那年，祖父病逝，家中突然失去顶梁柱，生活一下子变得艰难起来。父亲不能继续学业，只得返回家中，在村中谋了个教书的差事。

母亲本是应城人氏，为了爱情，放弃了城市生活，随父亲来到乡下。父亲做了乡村教师，家中生活重担就落在母亲一人肩上。全家人的生活，全靠七亩田地和父亲微薄的工资收入。母亲吃苦耐劳，但依旧不能保证一家人衣食无忧。

胡均国在家排行老二，上有一个年长三岁的姐姐，下有弟妹数人。他读了两年私塾，又读了几个月新式学校，但迫于生活压力，很快就辍学了。他回到家里，一来帮父母照顾弟妹，二来也干些农活，放牛、割麦、挑水、做饭，一样都不能落下。

那时候，他父亲的工作并不稳定。战乱连年，人们生活朝不保夕。学校生源时多时少，甚至有时一个学生都没有。没有学生，教师的收入就没有了着落。直到20世纪50年代，父亲的人生才迎来转机，他被应城市一所小学正式聘为教师。于是，一家人跟随父亲进了城，开始了在城里讨生活的艰苦岁月。

得父亲职务之便，胡均国可以自由进出学校。母亲在一条巷子里摆了一个小摊，帮人浆洗衣服，以此换取微薄的收入。胡均国除了帮母亲洗晾衣服之外，还负责去学校，将干净衣服送到客户手里，再把脏衣服带回家中浆洗。每天晚上，他还要赶在学校食堂打烊前，挑回两桶米汤，用以浆洗衣服。忙完这一切，就已经是凌晨两三点钟了，一家人带着疲惫，倒头便进入了梦乡。

1951年，为维持生计，母亲又开了一家弹棉花小店。姐姐逐渐长大成人，成为母亲的得力助手。生意红火时，胡均国和母亲、姐姐在棉絮飞扬的屋子里，穿梭忙碌；生意冷淡时，却又无事可做，只得另找出路。胡均国开始干起了苦力活，替人打砖渣，混上水泥，修房砌墙，以此挣些工钱。但这种工作并不稳固，时有时无，因此大多数时间他都靠收捡破烂补贴家用。

时常出入校园，胡均国内心产生了重返课堂的强烈愿望。去学校收捡破烂时，他常常站在教室窗户下面偷听。经过无数次思想斗争之后，他将这个愿望告诉了父母。父母听后，沉默了许久。那时候，小他四岁的弟弟正读小学。家道艰难，一家人一直挣扎在温饱线上，读书是一个遥不可及的梦想。但父母在经过反复思考之后，还是同意了他的请求。为支持哥哥读书，弟弟主动放弃了学业。

长江埠上夜三更

1952年春天，十三岁的胡均国走进课堂，直接学习四年级下学期课程。为补回错过的课程，他拼命学习。每天早上5点多起床，做完家务、吃过早餐后，便匆匆赶往学校。晚上9点钟下晚自习后，他又回到家里帮助母亲和姐姐弹棉花。若有闲暇，他还要去收捡破烂。

那时，胡均国一家人在应城的住处，毗邻长江埠。长江埠，地处应城、云梦、汉川三县市交界处，是一座具有四百多年历史、商贸活跃的古镇，素有"小汉口"之称。

有时晚自习结束后，胡均国便与人组队，去长江埠拉板板车，帮人运东西。有时一干就干到凌晨一两点，领了工钱才回家睡觉。睡到次日早上5点多起床，做完家务，然后再去上学。

他拉了许多年板板车，一直到高中毕业。艰难的生活，并没有使他对学业有丝毫懈怠。他珍惜学习机会，学习认真刻苦，自初一到高中，成绩一直名列年级第一。

"我当时的理想很简单，一门心思读书，就是想要摆脱贫困。"胡均国说。多少年来，贫困在他的心灵上留下了不可磨灭的烙印。多年以后，当他想起父亲悲凉的喘咳，母亲的操劳和忧郁，以及姐姐、弟弟和妹妹们的辍学，心里仍然为之悲酸。

1960年夏天，二十一岁的胡均国高中毕业，以优异的成绩考入武汉大学，就读于化学系物化专业，为五年制。在这里，他艰苦奋斗的学习精神一如继往，贯穿始终。他如饥似渴地学习知识，成绩依旧一直名列前茅。

也就是在武汉大学，他认识了同班女生蒋顺英。蒋顺英生于1942年，来自荆州沙石市。两人在大学期间，便确立了恋爱关系。

西部青春火样红

1965年6月末，胡均国、蒋顺英从武汉大学毕业。胡均国被分配到重庆特钢中心实验室做化学分析。蒋顺英则被分配到四川省冶金局的成都无缝钢管厂。成都无缝钢管厂在今天府广场附近，是全国第一家也是成都最大的无缝钢管厂。

因为单位要求在8月报到，中间有近两个月闲暇时间，因此，两人各自回到家乡。胡均国回到家里，家人都为他感到骄傲。他一边为出发做准备，一边尽量同家人欢聚。不久，他将远离家乡，从此天各一方，与家人聚少离多了。

8月中旬，胡均国和蒋顺英在武汉碰头。两人乘坐火车从武汉出发，奔赴成都。在隆隆的火车疾驰声中，望着窗外飞速后退的壮美山河，建设祖国的豪情，不停地在两人胸中奔涌。

到了成都，两人先游玩了一阵，蒋顺英便去单位报到。在蒋顺英一切安排妥当之后，胡均国便赶回重庆。

胡均国到重庆特钢以后，把全部的青春热情投入到工作中，不偷奸，不耍滑，兢兢业业，从未有丝毫懈怠，继续发扬学生时代勤奋刻苦的精神。曾经，他刻苦学习，是为了摆脱贫困；而如今努力工作，则完全为了理想——那个时代几乎所有中国热血青年的理想——建设祖国，使祖国繁荣昌盛。

此后三年，胡、蒋这一对年轻情侣只能互通书信，倾诉相思。相同的志向和事业，使他们之间的感情与日俱增。1968年，两人决定跨入婚姻的殿堂。婚礼从简，在重庆一家招待所里举行，来参加婚礼的人也不多。

那时候的革命夫妻，哪有什么时间度蜜月。单位工作紧、任务重，完婚不足一周，蒋顺英就赶回了成都。

20世纪六七十年代，中苏交恶。为确保国家安全，全国经济建设的中心，从解决吃穿用，转变为备荒备战，强调要突出备战问题，要准备粮食和布匹，要修工事，要挖防空洞。1969年8月，全国广泛开展群众性挖防空洞和防空壕的活动，人防工程规模迅速扩大，规格不断提高。

重庆特钢工人也参与其中，厂中工程师负责带队指导。胡均国也给分配了一组工人，由他带队指导施工。然而，许多工人并不热衷于防空洞工事，而是视之为一次放假机会。打眼、放炮、糊水泥的一切事务，胡均国都亲力亲为，任劳任怨，终使工程如期进行。一些人嘲笑他，讽刺他，对他的认真态度嗤之以鼻："牛气啥呢？不过是为了挣表现而已！"胡均国听了，尽管心中不快，但也不予计较。

1970年夏，北京钢研院将西南分院撤出成都（冶金实验厂），迁往四川江油（钢铁厂），将其配备的领导、科技人员、管理干部以及部分工人，同时调回北京。

实验厂与北京钢铁研究院脱钩后不久，为弥补北京钢研院人员离厂后企业技术力量的不足，陆续从重庆特殊钢厂等单位，调进部分工程技术人员和技术工人。在此情况下，1970年末，胡均国离开重庆特钢，来到成都冶金实验厂。"我当时来成都，主要有两个需要，一是工作需要，二是家庭需要。"他说。

最初，胡均国在实验厂普钢部工作，不久便调到中心实验室，从事高合金钢研究。中心实验室设在厂区东端，主楼建筑面积八百六十四平方米，包括化学室、物理室和计量室等职能单位。除主楼办公室外，还在厂区设有炼钢炉前化验室、力学实验室、试样加工车间等机构。

中心实验室的主要职责，除对厂中成品、半成品和部分原材料等作质量鉴定、化学成份检测外，还要参与厂内标准制订、开展技术咨询服务等事务。后来，中心实验室逐步过渡到以科研为主的技术业务

胡均国同志：

在一九八二年、一九八三年度四化建设中，成绩显著，特授予劳动模范称号。

成都市人民政府
一九八四年二月

▲ 胡均国劳模荣誉证书　胡均国供图

单位。

北京钢研院撤出实验厂时，同时调走实验室部分设备、仪器和人员，使其技术力量大为削弱。胡均国调到实验室时，工作面临很大困难，人员和设备严重不足，除一台严重老化的五八一比色机之外，只有两个上了年纪的普通分析员。在这种情况下，厂中决定将部分青年职工分批送往北京、上海、沈阳、重庆等地的兄弟单位进行培训，使之逐步成为熟练的业务骨干。

1972年秋天，胡均国和另三个人被派往重庆特钢培训，学习做炉前分析。除胡均国外，其他三个人以前从未搞过炉前分析。因此，一开始他们完全手足无措，毫无章法，对于钢块变为液体，全然不知道怎样分析。

胡均国等人由一个老师傅带领。每次钢铁液化时，老师傅负责分析讲解，然后由大家自己仔细琢磨。当时，合金钢中高含量钨的分光光度测定（即钨蓝法），在炉前快速分析中得到广泛应用。该法简便快速，但稳定性差。于是，胡均国决定改试钼干扰测定。他对钼的干扰问题，进行了细致而深入的研究，并制定出测定合金钢中高含量钼的新方法。在重庆不足一周，就取得这样的成果，让重庆特钢的老师傅赞叹不已。一周后，胡均国等人回到成都冶金实验厂，实验室工作得以迅速推进，各种重要成果不断涌现。

由胡均国带领的中心实验室，除完成以上主要科研项目外，还在工作中积极学习和推广兄弟单位行之有效的先进技术，为实验厂的生产发展和经济效益，都做出了贡献。例如，在合金钢冶炼过程中对碳元素的分析，推行电弧（非水）碳测法，大大缩短分析时间（即缩短冶炼时间），只此一项就可使实验厂每年为国家多生产一百吨电炉钢，节约电耗约两万度。

与此同时，中心实验室面向社会做了大量工作，在冶金系统和成都地区，深受好评。多年来，省、市金属公司一直委托厂中心实验室，对进口金属材料进行质量检验。

1970年，省金属公司从日本进口了一批碳结钢丝。中心实验室在接受委托检验中，发现含碳量过低，判为质量不合格。"最初，供应商态度十分强硬，百般狡辩，但最终在中心实验室的质检数据和工艺面前，放下了傲慢的身段。"胡均国说。

20世纪70年代，成都自来水公司从上海某工厂购进一批铸铁水管，安装送水后，多处发生爆裂，便向上海厂方提出退货和索赔要求。

上海工厂以名牌产品和质量合格为理由，加以拒绝，矢口否认事故是质量所致，而将之归咎为施工中安装不当的结果。经了解，全国其他省市购用该厂水管已发生多起类似事故，均以同样理由被拒绝。

后来，自来水公司委托中心室代检。中心实验室受理后，便作为科研项目，组织攻关。"经过多次反复试验，我们得到了大量数据，表明爆裂原因确系水管质量所致。"胡均国说，"文字报告资料提交后，中央有关部门认真审核复查后，确认我们的数据是正确的。于是批复全国各有关单位，应由上海水管生产厂赔偿损失。"

在计量仪表工作方面，中心实验室也做出了重要贡献。为求得计量上的准确数据，胡均国等人坚持每年定期与国家计量标准进行校核工作。多年分析经验，使胡均国等人达到仪器分析即原子荧光光谱分析前沿水平。在他的带领下，国产计量仪器进步神速，很快达到世界先进水准。

1978年，实验厂决定筹建技工学校。化学化验培训，都在中心实验室化验室开展。胡均国担任化学老师，认真负责，培养了不少优秀学员，其中不少人还成为一些岗位的骨干力量。

人间最是重晚晴

胡均国性格沉稳，不好表现，也不爱交际，只喜欢与实验和数据打交道。由于工作成绩显著，胡均国自1980年至1983年连续四年获得成都市人民政府颁发的"劳动模范"荣称，并于1984年获得四川省人民政府颁发的"四川省职工劳动模范"称号。。

1999年，胡均国从成都冶金实验厂退休。那时，儿女都已成家立业，已不需要为之操心，两位老人尽可以安度晚年了。志同道合的爱情，使两人一起走过半个世纪，而弥见坚固。

如今，他们儿孙满堂。每到周末，平日安静的屋子里，便会响起孩子们的欢声笑语。胡均国老人坐在孩子中间，快活神气的模样，活脱脱一个孩子王。曾经作为学习狂、工作狂的他，此时仿佛找回了那个曾经缺失的完整而丰盈的童年。

回首这一生，胡均国感叹："我最初读书，只是为了摆脱贫困。到后来，我完全是为了报恩！我努力工作，兢兢业业，尽可能多做点事情，就是为报答国家、亲人，以及所有帮助过我的人！"

老厂走出新首富

2010年5月，深圳市海普瑞药业股份有限公司，登陆深股中小板，发行价为一百四十八元，创下A股史上的天价。海普瑞实际控制人李锂、李坦夫妇，合计持有海普瑞两万八千八百多万股。单以发行价计算，其身家超过四百二十六亿元，荣登内地新首富宝座。

李锂的名字，迅速走红大江南北。他的人生经历和创业故事，成为人们关注的焦点，甚至连他曾经工作过的成都肉联厂，也备受关注。

少年辛苦终成事

1964年，李锂出生于四川省仁寿县钟祥镇。李锂的父亲，是一名化学教师。李锂出生后，父亲便用一种化学元素"锂"，作为儿子的名字。

在计划经济时代，仁寿县是全国知名的养猪大县，钟祥镇更是养猪盛行。改革开放以后，将猪小肠加工成肠衣和肝素粗品售卖，成为当时的扶贫项目。从小耳濡目染，李锂对猪小肠产业的潜力，一直饶有兴趣。1984年，当他还是成都科学技术大学高分子化学专业学生时，便开始研究如何提高猪小肠中肝素粗品的获取率。

二十多年后，面对媒体，李锂谈及那段往事："当年同寝室的人都知道，我从1984年开始搞肝素粗品提纯技术的实验工作。那个时候我还是大三的学生，为此还休过两年学。"

1987年，大学毕业，李锂被分配到成都肉联厂生化制药研究所。生化制药研究所的实验室，在肉联厂宰猪车间后面的一间小屋子里，环境嘈杂，臭气熏天。

年逾古稀的周桦，是李锂当年在研究所的同事。20世纪80年代中期，他从大学毕业，进入肉联厂生化制药研究所工作。据他回忆，当时研究所只有四个研究人员，设备简陋，条件艰苦。

那时候，李锂二十多岁，每天从早到晚都躲在实验室的一个角落里，专心致志地做试验。"当时，各自实验是保密的。不过，有时候，我们几个技术人员要碰下头，遇到一些问题，也要作适度的讨论。"周桦说，"但他极少说话，与同事之间也没有什么交际。"

周桦不明白，李锂究竟是性格孤僻呢，还是瞧不起人。然而，或许正是这种性格，使得成都生物化学制药厂厂长，对李锂刮目相看，器重有加。对于李锂的想法，只要他理由充分，厂长总是给予最大的支持。沉默寡言的性格，加之领导的器重，使得李锂在厂里的人缘非常差。

"当然，李锂自有他的过人之处。"周桦说，"他的耐心和毅力，在实验室里无人能及。他非常能吃苦，常常把自己关在实验室，一关就是一整天。"周桦记得，为了验证哪种树脂的吸附效果最好，李锂将数百种树脂逐一进行实验。周桦认为，李锂在实验过程中，创新能力很强，但同时又是一个不安于现状，急迫地想要做出成绩的人。

李锂进入生化制药研究所时，正值成都肉联厂最鼎盛的时期。计划经济时代，全成都的生猪都运到这里屠宰。当时，厂里每天屠宰生猪多达五千头。因为有丰富的原材料，肉联厂成立了四个关联的分支企业，其中生化制药厂效益最佳。

生化制药厂的主打产品是肝素纳，当时技术已非常成熟。当年国内有近五十家生产肝素纳的企业，其产品都可以直接出口。成都有两家，其中一家就是肉联厂的生化制药厂。

李锂主要负责研制提取胆红素的相关工艺。胆红素主要提取自猪胆汁，医学上可用于治疗血清肝炎、肝硬变等。当时，胆红素正走红市场，各路人马都在炒作。因为有得天独厚的原料来源，生化制药厂希望在胆红素提纯上做些开发。

经过刻苦钻研，研制工作取得了重要进展。不到一年时间，李锂便向药厂提交了一个报告，称他可以将胆红素提纯到标准级，使其达到国家标准值。

在生化制药行业，所谓标准级，是指纯度达到一定值，各项理化指标达到由国家标准局验定最高的级别。如果某个企业能超过该纯度，便可以申请到国家标准物质申报证书，然后就可以负责全国标准品的生产。这对提高企业经济效益和社会声誉，都有重要意义。

对于李锂做出的贡献，厂里的回报也极为丰厚。厂里决定，将李锂提拔为生化制药研究所所长。之前他一直住集体宿舍，为使他工作方便，还为其单独租房。作为大型国有企业，破格提拔一个刚走出校门不久、资历又如此之浅的青年职员，还为之单独租房，这样的礼遇并不多见。

自古人红是非多

由于技术保密纪律，加上领导的器重，样品可以在厂长授权后，由李锂直接呈送国家标准局鉴定。

某日，一位分管实验室工作的领导，到国家标准局了解进展。当时国家标准局一位技术鉴定人员，轻描淡写地说了一句，你们报上的样品，和我们标准品的各项理化指标完全吻合。

领导听罢，脑海里的第一个念头就是，李锂有可能将标准品取出，将之标为样品，送国家标准局鉴定。因为，作为一个复杂的药品原料产品，成分非常复杂；加之用于提纯的粗品，都是从各个地方收集而来，要让各项理化指标吻合，必须还要有相同的提纯和实验条件。根据国家标准，甚至都允许出现正负百分之五的差异。而李锂呈送的样品却完全吻合，因此作弊的可能性很大。

当时李锂的实验，对于纯度是否达到标准级，需要用国家标准品进行检验，为此制药厂要购买大量标准品。李锂因此被怀疑利用了这些标准品。

面对外界质疑，海普瑞药业一位不愿透露姓名的公司高管公开回应称，李锂向国家标准局所提供的样品，获得了国家标准物质申报证书。"原来国家对胆红素没有标准，最后是根据李锂研究的标准建立起来的。"这位高管说，李锂当时的胆红素提纯技术，已在国际上领先了。"他当时获得了四川科技进步二等奖，成果全部属于单位。"[1]

---

[1] 吴红缨、徐雅玲：《往事并非如烟：新首富李锂青春"密档"》，《21世纪经济报道》，2010年5月5日。

因工艺需要保密，当时实验全过程由李锂单独操作，其他任何人都不能介入，这给外界质疑留下了广阔的发挥空间。李锂的前领导甚至认为，李锂一直在制造一个谜团。"我一直在质疑，既然做到这个程度，为何还不放大？"该领导说，"从实验到生产，有一个漫长的过程。厂里一直希望，他的工艺能从实验室放大，应用于生产线。你迟迟放不出来，就说明有问题。在这方面我们一直没有一个准确答案。"

据说，当年在肉联厂时，李锂每天大量领料，因为要提供这样一个环境，让他充分做实验。然而，李锂只有领东西的记录，却没有产出来的记录。当时领取胆红素原料，价值近十万元，厂里甚至特意为他的实验配备了专门的保险柜。

1991年，李锂突然不辞而别，悄无声息地"人间蒸发"，并卷走了所有资料。在他走后，胆红素提取工艺的研制工作也陷入了停滞。鉴于影响重大，实验室被贴上封条，封起来。

在20世纪90年代初期，十万元算是一笔巨款了，这样突然消失，按情理是应该报案的。"但国有企业有复杂的体制，最终这事也就不了了之。"前领导说，"1992年，打开实验室和保险柜，里面空空如也。显然是作了精心策划。"他认为，当年李锂想要尽快证明自身有能力，所以提出了提取标准胆红素这样一个目标。在他发现没有能力将这个目标实现时，就逃走了。

对于这项指责，海普瑞药业前述高管则回应称，实验产品要实现产业化，需要很多方面配合，不是李锂一个人可以推动，"而离开肉联厂后，李锂没有再染指胆红素，离开时未带走任何东西"。

对于李锂的离开，这位高管解释，是因为肉联厂开始不景气。在计划经济时代，肉联厂这样的国有企业享受财政补贴，杀一头猪，国家就会定量给予补贴，而后来垄断屠宰取消了，就失去了这笔补贴。另外，厂里引进丹麦火腿肠生产线，将很多钱用在这个上面，运作也不成功。这都使肉联厂受到影响。厂里因此允许停薪留职。"正好董事长（李锂）生病，就提出辞职，肉联厂也同意了，等他1992年去转档案时，肉联厂已经不存在了。"

三十余年专一业

20世纪90年代初期，随着市场竞争日益激烈，肉联厂开始走向衰落，生化制药研究所同事纷纷改行，只有李锂决定坚持下去。多年之后，李锂对记者说："三十多年来，我从未因工作感到过无聊。我其实就是个工匠，会且只会做这样一件事情。我一直专注于这样一个专业跟产品，所以我能把这个真正做好。"①

在生化制药研究所时，李锂已经摸索出了一整套"肝素钠原料药提取和纯化"技术，能将杂质甚多的粗品，纯化成结构最完整、纯度质量最好的肝素钠原料药。

肝素，是人类已知分子结构最复杂的有机化合物，短期内难以实现肝素的人工化学合成。另外，虽然牛、羊等动物小肠也能提取肝素，但只有猪小肠黏膜中提取的肝素，跟人体肝素的分子结构一致。

① 吴红樱、徐雅玲：《往事并非如烟：新首富李锂青春"密档"》，《21世纪经济报道》，2010年5月5日。

直到今天，整个海普瑞也只有李锂一个人掌握全部配方工艺秘密，而且亲自上阵，从不假手于人。

1992年3月，时年二十八岁的李锂，与重庆通达生物制品有限公司，签订了肝素钠技术承包合同。同年7月，李锂的夫人李坦就进入重庆通达，担任副总工程师。她是李锂的同班同学，此前在安徽省石油化学工业厅工作。10月，李锂也正式进入重庆通达，并担任总工程师。

正是这样一个"多数做的人根本不懂，真正懂的人嫌臭不愿做"的产业，成为后来李锂事业的起点。到1997年，李锂、李坦夫妇已通过肝素粗品提炼技术完成了原始积累。第二年4月，在深圳南山区，一座现代化肝素产品生产和研发基地破土动工，这里就是后来海普瑞的大本营。1990年还命运未卜的李锂，终于有了自己的事业。

几经腾挪，到2000年，重庆通达股权结构调整，成功变成了多普乐实业，由李锂、李坦、单宇三人百分百持股公司。从此，重庆通达不再从事肝素钠的生产经营。

海普瑞上市后，面对有关其"私吞重庆通达国有资产"的质疑，李锂底气十足地回应道："我本人从未直接收购过非民营性质企业的一分钱股份。"从重庆到深圳，李锂实现了从一个贩卖技术的工程师，到一个企业创始人的关键转变。

2010年5月6日，海普瑞在深圳上市。最终海普瑞以一百四十八元的发行价，创造了A股史上的新纪录。

（根据受访者意愿，受访人员皆用化名）

屠宰工程师张德元

成都肉联厂人才辈出，不仅走出过深圳海普瑞董事长李锂这样的全国首富，也造就了张德元这样的草根工程师。

1956年5月，毛泽东主席在中南海怀仁堂，出席了全国工业交通运输基本建设财贸方面社会主义建设先进工作者大会并合影，其中就有来自成都肉联厂的张德元。

当时，张德元方过而立之年，青年成名，可谓风光无限。

翻身拥护新政权

张德元出生于1924年，成都人，读过私塾，干过力气活。十七岁时，他进入成都西屠场当学徒，做了一名杀猪匠。

1949年12月，成都和平解放。次年，军代表来到西屠场访贫问苦，看中了这位出身贫寒的青年杀猪匠。军代表对他嘘寒问暖，勉励他要拥护新政权，跟着中国共产党走。

那时候，杀猪匠这一行，基本上都是晚上杀猪，白天休息。为履行对军代表的承诺，张德元利用休息时间积极参加政治活动。不久，他被指定为西屠场工会主席，并被聘为区上首届人民代表。

在旧社会，杀猪匠是被人看不起的下九流，而今却能当上区人民代表。强烈的翻身感，让张德元对共产党充满感激。

他不再自惭形秽，开始对未来充满了期望。每当夜幕降临，他便和工人来到西屠场，在昏暗的油灯下，操起老本行。他们将嚎叫着的猪，按倒在长凳上，将尖刀捅入心脏。放完血后，在猪后脚上割一道口子，插入铁制挺杖，斜穿猪身直抵对面脖子。然后取出挺杖，用嘴从口子反复吹气，将猪吹胀。接着，将猪推入沸水桶中，扯住猪耳、猪脚和尾巴，来回浇烫，直到皮开毛蜕，再逐一进行刮毛、开边、取内脏、分切肥瘦等程序。

这种传统的屠宰法，效率十分低下。当时，成都西屠场每个班有五六个人，一天也不过宰杀七八头猪。据统计，当时成都市东南西北四大屠场，总共一天屠宰量也不超过一百三十头猪。

发明创造立功劳

20世纪50年代初，成都西屠场还是一个旧式的屠宰场，设备非常简陋，有屠宰工人一百五十余人，劳动强度极大，环境卫生极差，体力弱者不能持久工作，体力强者也难免患上职业病。

1954年初，国家接管西屠场，更其名为成都市食品公司屠宰西站，归属北京总公司。随后，总公司来人，召开动员大会，鼓励研究剥皮技术，开辟国家急需的皮革货源。

大会结束，张德元难抑激动之情，潜藏在内心深处的发明欲望，便开始萌动了。

张德元想起少年时代的私塾老师詹忠弟。詹忠弟曾留学东瀛，接触过欧美现代科学思想。他不仅教国学，也教体育和算术。他经常讲一些西方发明家的故事：在发明蒸汽机之前，瓦特曾是掺开水的小茶倌儿；而大发明家爱迪生，则做过轮船上的报童。

与三年前听到军代表的勉励和期许时一样，当年詹老师的话，在张德元的心中生发出一股莫大的动力和热情。当了十三年的杀猪匠，未来的日子望不到边，他也要搞出点名堂来。

猪皮不好剥，其胶质纤维和皮下脂肪连结紧密，串满了横筋。老式剥皮法既耗时费力，又损伤猪皮。张德元灵机一动，发明了五子剥皮刀，不仅大大提高了工效，而且剥下的猪皮也非常完整。

屠宰西站每天只能宰八十头猪，远远满足不了市场需求。旧式人嘴吹猪法，也耗时费力。张德元又发明了压力吹猪器，即利用自行车的总天心和足踏臂，推动一根连接着四个气筒气缸的连杆，只需将踏臂用手摇上十来转，一头猪就吹胀了，既快速又轻松。

张德元还发现，每年冬天，宰杀量剧增，熬猪油量也激涨，但藏在油渣里的猪油却取不尽，于是他又发明了螺旋杆榨油机，解决了猪油取不尽的问题。

人工无法合成的猪鬃，既是工业和军需用刷的主要原料，也是中国传统出口物资。但旧时人工拔猪鬃，工效很低。经过苦苦思索，张德元又发明了钢梳拔鬃法。即杀死猪后，在其鬃毛部位抹上猪血，洒上细炭灰加大摩擦，用特制钢梳从下往上一梳，再一扭，猪鬃就拔下来了。此外，他还将大刀杀猪，改为小刀放血，速度快，血也放得干净。

共赴北京群英会

俗话说，"木秀于林，风必摧之"，张德元的一连串发明，遭到同行的嫉恨。出于嫉妒和对加大屠宰量的不满，众人开始排斥、孤立他，让他十分郁闷。

值此关头，革命老区来了一位南下干部。他叫高宝林，是公司经理。高经理一到西站调研，立即觉察到这里面的气氛不对，很快就发现张德元与众人之间的矛盾。

经过调研，高经理对西站的负责人说："张德元与那些人，是正确与错误的矛盾，是先进与落后的矛盾。"他要扫除歪风、树立正气，旗帜鲜明地支持张德元，表彰他对屠宰行业的特殊贡献。

1956年初春的一天，高宝林在西站召开一个成都市食品公司技术革新成果汇报会，成都市主要领导和包括民主人士、副省长邓锡侯在内的几名副省长都出席了这次会议。当天汇报的内容，竟然是采用张德元的一系列发明，表演宰杀一头猪的全过程，并以对比表演的方式来汇报。这让张德元受宠若惊。

在《沉浮东方》一书中，作家周明生对当时的表演过程有过生动的描述：

> 只见他披挂上阵，在笼子里将一头大肥猪用电击麻翻；之后把它运送到操作台上，表演疾如闪电的小刀放血；在瞬间以压力吹猪器将猪打得气鼓气胀；然后，用五子剥皮刀生剥猪皮。接着，另一名工人上场，以全国推广的青岛剥皮法，表演生剥猪

皮。两相对照，青岛剥皮法耗时长，剥下的猪皮显得筋筋绺绺；而张氏剥皮法剥下的猪皮却完完整整，整个过程干净利落。领导们一见，立刻热烈鼓掌。少顷，又有一名工人上场，表演了钢梳拔鬃。

表演结束后，领导们纷纷上前，与张德元握手，表示祝贺。会上，领导问他你今后有什么打算。他汇报说，自己正在搞电动剥皮机，并将纸板做成的机器小样展示给领导看，使领导大开眼界。

从此，张德元的先进事迹，被省市领导所熟知。同年5月，张德元就在中南海怀仁堂受到了毛泽东主席的亲切接见。

其实，当时已有平板式、滚筒式的电动剥皮机，都是肉上剥皮，人力加机器操作，但工效不高，剥一张猪皮需八个人才能完成。

张德元反其道而行之，改为在皮上起肉，只一个人操作机器就可以完成。猪杀死后，剖开猪肚，取出内脏，砍开脊梁骨，将猪翻转搭扎板上。扎板往上一升，皮就剥掉了。工效很高，而且剥下的猪皮也十分完整。

电动剥皮机1956年发明出来，次年随即投产。一个人八小时工作可剥皮三十多张，大大提高了效率。1965年，电动剥皮机荣获聂荣臻亲自签名的全国科学技术委员会颁发的发明证书，被评为国家发明二等奖。张德元发明的电动剥皮机，连社会主义阵营的东欧国家都跑来参观。

1959年，是中华人民共和国成立十周年大庆，在北京新落成的人民大会堂，召开了表彰全国各行各业劳模的群英会，张德元出席了该会。

当年11月5日下午，张德元还出席了在人民大会堂宴会厅举行的国宴。国宴请柬是对折的折子，是以国务院总理周恩来的名义发放的。其封面和正文的底色为米黄，衬以淡雅的三枝墨竹，正文是鲜红的印刷体，封面是毛笔书写的"张德元"三个字。

技术难关从头越

1959年，成都东、西两个屠宰站，已合并搬迁到北屠场，实行统一集中运营管理，屠宰终于实现了轨道化的机械化流水作业。张德元发明的电动剥皮机也正式投产。

第二年，他被调到冷冻厂。冷冻厂由苏联援建，是成都肉联厂的前身，位于现今府青路立交桥下。1956年，冷冻厂建成，但投产运转不到一年，就半瘫痪了。冷库的图纸是苏联设计的，技术资料也是苏联的，但主机却是比利时制造的，没有零部件可换，从而陷入了半瘫痪。

这时，上级领导找张德元谈话，告诉他说，毛主席在上海视察时强调，要自力更生、奋发图强，要从工人中提拔自己的工程师。

"你就是毛主席在成都市提拔的五十名工程师之一。"上级领导说。这句话，让张德元深受鼓舞，并伴随了他的一生。

当时，他的主要任务，就是去冷冻厂负责技术方面的事务。尽管他之前从未搞过制冷技术，但他还是答应了，他不怕困难。

到冷冻厂后，张德元发挥聪明才智，竟然不久就将制冷系统的技术活儿摸索透了。1965年西安交大建立制冷系统，还专门派人员到成都总结张德元的经验。

1962年秋，冷冻厂装卸工人因奖金问题而消极怠工。十四台冷藏车向冷冻厂往返运肉，工人们拒不卸肉。北屠场的机械化流水线，正在源源不断地作业，七间晾肉间因为超重而倒塌。猪肉胀库，但限于当时每人每月只供一斤肉的政策，又不敢敞开供应。影响所及，作为肥猪中转站的南郊二养场，因生猪拥挤，竟陆续死了五千头猪。正在冷冻厂负责技术工作的张德元闻讯后，又急又气。

这次事件，惊动了中央。中共成都市委、市政府出面，很快平息了风波，相关责任人也受到了处理。时任中共中央监察委员会常委的王维舟，亲自到成都调研此事。张德元不避亲疏，仗义执言。为杜绝此类风波重演，他建议将屠宰场直接设在冷冻厂旁边。如此，还可以节省冷藏车往返的运费。王维舟听罢，点头称是。

事后，中央对冷冻厂追加了六十万元投资。张德元设计了两条宰杀生产线，一条剥皮线，一条烫皮线。新建的屠宰场技术先进，产量惊人，一个班九十多人，一天能宰杀六千头猪。

在此期间，张德元还搞了高温蒸汽化油车间，并改进了美国制造的刮毛机，变自动为手动，缩短了猪进出的时间，工效随之大为提高。美式刮毛机一小时只能刮六十头猪；经改进后，一小时可刮二百八十头。

为改进自己发明的电动剥皮机，张德元还专门到制革厂去做调查，了解清楚客户的需求。他在工艺上搞了个吊烫，不能剥皮的头、足部分，以及不宜制革的猪肚皮，都留下来当肉卖。单此一项，就降低生产成本五分之一，而剥下的猪皮也最受制革厂欢迎。

大是大非不糊涂

1965年，在"四清"运动中，市委个别领导竟然将枪口对准了张德元，派了一支二十多人的工作队，进驻成都肉联厂，大搞揭露、批斗、审查，张冠李戴，不一而足。

直到第二年，"文化大革命"爆发，工作队无暇顾此，方才撤走。厂长、书记随后起来造反，写出《老虎的屁股摸得了》的大字报，向"反动技术权威"张德元开火。于是，他和厂里其他二十多个人一起，被关进了牛棚。

当时，有两个从清华大学来到成都的红卫兵，曾三次找到张德元，对他说："张师傅的影响大，只要你带头起来造反，西南的'文革'就发动起来了。"并鼓动他揭发刘少奇。张德元义正词严地拒绝了。

后来，成都东郊最早的造反组织——肉联厂平型关野战团成立时，要张德元当政委。张德元再一次拒绝。

由此可见他的谨慎和清醒。在集体无意识的时候，他并未随波逐流，对是非清醒判断，对原则顽强坚守。

当年苏联援建的冷库，技术并不高明，用泡沫和水泥做黏结缝，三年即需大修一次。每次对冷冻库大修后，仍解决不了泄露问题。军代表找到被打入另册的张德元，向他请教，决定按他的意见进行补漏，并强调："谁不按张工的做，谁乱搞，谁负责。"足见对张德元技术能力的信任。

　　张德元性格坚韧，勤奋好学。据说当年发明电动剥皮机时，遇到电学上的难题，他便在开市人大会时，虚心向电力局总工师求教，最终成为内行。

　　20世纪60年代初，张德元被国务院科技局评为工程师，六十五岁退休后补办了高级工程师手续。这个被上级领导一见面就以"党的宝贝"相称的人，最终以行政十二级干部退休。

前锋掌舵人杨钢

从一名普通的设计师，到企业的领军人，杨钢用"创新成就未来"的经营理念、一往无前的改革气魄以及通观全局的战略眼光，带领一个拥有五十多年历史的企业，从曾经的辉煌走向如今的繁荣。

他三十五岁出任大型国企经理、四十岁担起集团董事长重任，不惧压力，锐意革新，精简繁冗，狠抓产品，开拓市场，使前锋焕发出新的生机，创造了国企改革的经典案例。

调皮大王成学霸

1965年，杨钢出生于四川南充。小时候，杨钢是村里出了名的调皮大王。逃学、打架、贪玩，样样都干过。为防止他逃学，母亲不得不每天亲自护送他上学。

小学时代，杨钢成绩不好，为此父母特意为他转了学。然而直到上了中学，他依旧顽性不改，成绩也不见起色。一天，他和父亲路过南充一所高中门口。父亲突然叹气道："你就争口气吧！能够读上高中，以后也好接我的班。"父亲这句略带无奈的叹息，第一次触动了杨钢的内心。那时候，父亲在当地的食品公司工作，鉴于他成绩不佳，将来若能接父亲的班，自然是当时大家眼里最好的出路。

顿时，一个信念在他的心中生发。他要改过自新，要取得好成绩，证明给父亲看。他想起曾经读过美国作家海明威《老人与海》中的一句话："人生来不是为了被打败的，人能够被毁灭，但是不能够被打败。"因此，他暗下决心，无论是在学校读书，还是到江湖闯荡，他都会努力进取，永不言败，因为没有什么困难是无法克服的。

从此，杨钢一改常态，开始发奋用功。怎奈过去底子太差，他在那一年中专考试中，以八分之差落败；复读一年后，仍然未能达到中专录取分数线。在当年的社会环境下，一流学生选择读中专，二流学生才选择读高中。没考上中专，杨钢只能选择参加高中考试。这一次，他没有让家人失望，最终以优异的成绩，考进了南充市著名的重点高中——龙门中学。

进入高中，杨钢彻底变了一个人。他本就天资聪颖，只不过过去太过顽劣，虚耗了时光，荒废了学业。如果他将精力用在学习上，结果必将大为不同。就这样，一个调皮大王，彻底变成了老师和同学眼中无可挑剔的英才学生。

杨钢不仅成绩优异，而且德智体全面发展。他不仅当上了班长，还成了各科竞赛的常客。高二那年，他被推荐参加了成都电讯工程学院（今电子科技大学）在全省招募的优秀学生夏令营。正是这次难得的机会，使杨钢被电子科技大学一眼相中。

第二年，他便因出色的表现，被保送到电子科技大学精英班就读。精英班的学生，可以自由选择电子科技大学的专业。杨钢选择了无线电通讯专业作为攻读的方向。多年后，面对记者池小鱼的采访，杨钢说，1985年那个夏天，他第一次为自己感到骄傲。

四年大学时光转瞬即逝。1989年，杨钢从电子科技大学毕业。在老师的极力推荐下，杨钢留在了指标紧俏的成都，并且进入当时的国营前锋无线电仪器厂设计一所，当了一名设计师。以当年的社会环境而言，外地学生留在成都极为不易，这让杨钢倍加珍惜这个机会。只是他没有想到，他会在前锋一待就是三十年，而且还成为这个企业新一代的领军人。

壮士断腕求转型

1989年9月，杨钢进入前锋无线电仪器厂设计一所，当了一名普通的设计师。抱着"即便是扫地，也必须比别人扫得好"的信念，杨钢先后参与了多个重要项目的设计，其中包括LRC综合测试仪、QF4921电台综合测试仪等。1992年，他参与的QF4921电台综合测试仪项目，荣膺"国家技术新产品奖"和"国家科技进步三等奖"两项殊荣。

20世纪90年代，正是传呼机流行的时代。杨钢敏锐地看到市场对传呼机测试设备的迫切需求，便动起了追逐潮流的心思。他的提议，引起领导的重视，公司随后便迅速组织研发。在杨钢的主持下，历经无数次探索和实验，终于成功研发出代号为QF4940A的传呼机综合测试仪。公司将产品推向市场，获得了良好的市场反响。

1997年下半年，是杨钢进入前锋厂的第八个年头。已经是软件室主任的他，迎来了工作生涯中的一次大考验。当时，企业领导重视市场，为让更多的人参与市场经营，便从公司几个重要部门抽调了一批精兵强将，共三十人，组成了一个培训班；并从外面请来专业人士，讲解市场营销方面的知识。当时这个培训班，被称之为前锋的"黄埔一期"。

一个月后，培训结束，杨钢被派到前锋仪器销售部工作，从坐办公室的设计师，正式转行做了辛苦的销售员。常年室内搞研发，不问市场的他，在去市场推销传呼机综合测试仪的过程中，备感艰辛和煎熬。但开弓哪有回头箭？他已下定决心转型，攻下市场销售这个难关。

世间万事，有得必有失。杨钢要寻求事业的突破和发展，首先就要放弃曾经的优厚待遇和熟练技艺。他记得，1989年一起进入前锋厂的十几个同学，八年之后，当绝大多数人因为企业不景气而选择离开时，他也为此动摇过。经过多次纠结与矛盾之后，他最终还是决定留下。然而，当时他已经三十四岁了。常言道，男怕入错行，在这个年龄，再次选择转行，真得有壮士断腕的决心和意志才行。

在这个年纪，很多同学都进入富人行列，而他依然清贫，他并非没有失落，但他抵御住了诱惑，耐住了寂寞；在探索中踯躅前行时，他并非没有想过失败，但战胜了自己，没有停下脚步。他坚信："即使失败了，只要有时间，我就重新开始。"①他喜欢交往、喜欢火热的社会，愿意在实现理想的同时，体会不同的新鲜事物、品尝不同的人生况味，以不愧对自己的人生。

销售的痛苦，的确是他以前搞技术时难以想象的。他放下脸面，每天背着仪器跑市场，沿着街道挨家挨户地敲门，向对方介绍自己的产品，为此他吃过不少闭门羹，遭受过无数人的白眼。

---

① 池小鱼：《素直是一种品牌态度——对话成都前锋电子电器集团股份有限公司董事长、总经理杨钢》，豆丁网，网址：www.docin.com。

有一次，他去南京一家传呼机维修站，推销综合测试仪。尽管玻璃门上挂着"谢绝推销"的牌子，但他还是硬着头皮进了门。对方得知他是上门推销的，很是反感，差一点就将他赶出门去。好在他是学技术出身，因而全然没有从推销的角度出发，而是站在想帮助客户解决技术问题的角度，给他们分析讲解如何解决常见问题。这样慢慢地取得了他们的信任，于是获得了成功。

历经多次类似推销过程，他逐渐悟出了一个道理——技术和市场同样重要。没有好技术支撑的产品，肯定不行；但有了好技术、好产品，卖不出去也等于零。从此，他坚定了自己的发展信念："现在的工作，是技术兼市场，但到最后，我会只做市场。"

1998年元月，因为业绩突出，杨钢被提升为销售部的副经理。这次提升，距他从"黄埔一期"毕业还不到两月。同年8月，他又被提升为该部门的经理。

雷厉风行搞改革

1998年8月，企业正经历着急剧的市场经济体制转变的阵痛。企业经营面临的问题和挑战十分严峻，但同时也蕴含着许多发展机会。前锋集团开始着手进行机构调整，公司决定整合仪器生产，重新成立成都前锋电子仪器厂，并按专业化要求，将仪器产业做大做强。经公司领导班子研究决定，将新任的销售部经理杨钢，破格提升为仪器厂厂长，委以重任。

"你放手干，干错了，是我的。"集团董事长张献的鼓励，令他终身难忘。领导的放手，是对他的充分信任，同时也是极大的压力，因为，改革如逆水行舟，不进则退。

担任厂长后，第一次签的发票是十万元。这件事，让他的内心很震撼："就几个字，十万元就没了。我感觉到了肩上的责任和工作的难度。我告诫自己：要加倍小心地工作。"于是，他虚心向老领导学习，为此还买了不少管理、财务类书籍。他学习理论，总结经验，同工作实际紧密结合。

杨钢上任之初，仪器厂事实上已经到了崩溃的边缘。当时全厂有六百多员工，而每年的销售收入不到一千万元，发工资都困难，人才流失更加严重。受命于危难之际，杨钢只能硬着头皮，背水一战，顶住各方压力，展开了一场大刀阔斧的改革行动。

他首先推行"精兵简政"，将六百多人的员工队伍，果断地精简到一百多人。同时，打破原有的计划经济管理模式，全部按照市场化规律运作。以前的十多个部门，被压缩为五个，并且实行分片制度改革。与此同时，技术改造狠抓落实，成本管理严格控制，开发市场全力以赴。这一系列的动作，被称为前锋仪器厂的"三新政策"——新班子、新机制、新产品思路。

改革途中，尽管困难重重，但见效甚快。第一年，仪器厂的销售收入就从八百多万元，一下子增加到一千五百多万元；第二年达到三千多万元，改革取得显著成功。在杨钢的带领下，仪器厂从过去的困境中走了出来，焕发出新的生机。

仪器厂起死回生后，杨钢开始考虑如何稳定维持仪器厂的生存。在他看来，强心针固然重要，但源源不断的订单才是永续动力。仪器厂的项目范围必须拓宽，产品必须上量，有订单才有生存的希望。

20世纪90年代末，正值国家"九五"双加技术改造时期。杨钢站在企业发展的高度，认识到确立"宝塔型"产品结构的必要性。所谓"宝塔型"产品结构，即一方面既要保证"塔尖"军工仪器技术的先进性；另一方面必须大力发展电子应用产品，寻求企业新的经济增长点。正是源于他的创新思维，仪器厂才在之后走上一条"军品带民品，民品促军品"的科学道路。

仪器厂成立之后，曾收到一次参与新疆库尔勒市智能IC卡煤气表投标的邀请。对机会"如饥似渴"的杨钢，立刻带领一名技术人员赶赴库尔勒。当时来了全国各地几十个厂家，产品质量都很过硬。一看竞争对手均与自己势均力敌，杨钢不得不在产品的推荐上动起了脑筋。

"用在煤气表上的智能IC卡，对于产品质量的首要条件就是优越的密封性，我必须要在产品推荐上强调前锋产品的这一优势。"杨钢通宵没睡，暗自琢磨着如何在各厂家的产品介绍会上一炮而红。

第二天，在产品介绍会上，所有的厂家都是由技术人员上台进行推荐。轮到杨钢时，他不慌不忙，从容上台，首先表明了自己前锋仪器厂厂长的身份，强调了前锋对于这次产品投标的高度重视和诚意。接着，他从台下拎起一只装满水的塑料桶，自信地将前锋的产品随意丢在了桶内，之后才开始慢慢介绍。

当产品介绍结束后，杨钢当众从桶里取出了前锋的产品，打开机壳，展示壳内干燥的内部表芯，然后向众人示意："我们的产品密封性能绝对过关、过硬。话说再多，也不足以说明问题，所以今天我用事实来证明！"这个大胆而智慧的做法，当场令竞争对手措手不及。最终，赢得满堂喝彩的杨钢，以大比分胜出，让前锋产品从众多竞品中脱颖而出，成功中标。这次出击，使仪器厂当年就实现了赢利，收入翻了一番。

成功开拓IC卡气表市场，帮助仪器厂走出了一条可持续发展的道路。在那之后，前锋生产的IC卡气表，曾一度在西北地区占到八成左右的市场份额。

死抠技术促创新

也许是技术出身的缘故，杨钢在产品上有着近乎"死抠"的态度。公司每研发一款新品，他都要以消费者的身份最先体验，"挑刺"成为他这个第一个使用者的必要程序。前锋"Z-POWER无限量热暖中心"，可以为二百五十至五百平方米的房子供水、供暖，上市后颇受消费者青睐。而这个产品的出台，就和杨钢"第一消费者"有直接的关联。

一个冬天，回家洗澡时，他突然琢磨：热水器能提供热水，那能供暖吗？如果合二为一，那是不是就能减少能源浪费呢？于是，在他和技术人员的共同努力下，这一想法首次变成了实际的产品，并搬到了他的家里。在一年多时间里，他挑出了很多"刺"。

最初，这款热水器只能用气，要是家里停气怎么办？于是，研发部门想办法让热水器双能源供给，并且自动切换。这样一来，只要家中有一样能源，就能保证用户二十四小时用到热水。用了一段时间后，杨钢又发现，热水器在使用天然气加热时会有噪音，如果晚上使用，噪音会影响人休息。

"热水器在用电时是不会发生噪音的，但从用气到用电，怎样去切换呢？"后来，研发人员设定热水器在白天用气、晚上用电。可这之后问题又来了，热水器用电加热时，只能储存一部分热水，那会不会洗到一半没有热水了呢？虽然这个体验者真"难缠"，但这确实是个问题。

杨钢同研发者一起想办法，最终他们决定以水流大小来决定热水器是用电还是用气，如果用户只是洗手这样的小量用水，热水器就会维持在用电状态，如果用户是洗澡，热水器会感应水量大小，自动调整到用气状态，保证用户不间断用到热水。

Z-POWER的标配标准容量出水仓，本来就是为了降低保温的能耗。他算过一笔账，如果全年每天集中用热水的时间只有早晚，一年下来，为保温所耗的天然气最低只需要二十立方米。按照当时成都市的居民用气价格，不到三十元。

像Z-POWER这样具有高端设计的创新产品，只是杨钢这"第一消费者"体验的冰山一角。在前锋，这样的案例举不胜举。和技术人员一起讨论产品研发，和市场人员一起讨论消费者所需，作为消费者亲自体验、认真"挑刺"，是杨钢工作的很大一部分内容。

1999年2月，杨钢担任前锋集团副总经理，同时兼任仪器厂厂长。不久，又担任前锋集团常务副总经理。到2000年9月，杨钢被任命为前锋集团公司总经理，时年三十五岁。

重任在肩，杨钢锐意创新，大胆开拓，与集团班子成员一道，在实施股份公司重组、集团公司整体改制、"东调"战略中企业西迁等重大决策中，都做了大量细致的工作，使集团下属各实体在生产经营上得到了稳步发展，经营领域也进一步拓宽，取得了良好效果。

在企业发展的同时，杨钢本身取得的突出成绩，也赢得了社会各界的广泛认可，他先后获得"中国改革之星""成都市十大杰出青年""四川十大财经风云人物"等荣誉称号。

神探法医胡华子

胡华子，生于1966年，由于从小对侦探充满热情，高中毕业后，即报考法医专业。1991年夏天，二十五岁的胡华子以优异的成绩，从华西医科大学毕业后，便进入成都市公安局成华分局刑警队做了法医，从此开始了与血迹、指纹和尸体打交道的职业生涯。

如今的他，已是一级警督和全国公安一级示范刑事科学技术室主任。"成都十大杰出青年""全国优秀人民警察""全国公安科技先进个人"等无数荣誉称号，都是对他工作的肯定和赞许。

常人畏惧的命案现场，对于胡华子来说，却寻常无比。"每一个命案现场都不尽相同，都是一次新的挑战。"胡华子坦言道。在起初一两年，他对各种死者尸体还有些发怵。从业三年后，一切都变得淡定从容起来。

在单位，胡华子喜欢研究各种骨骼脏器。指着柜子上那些颅骨和玻璃瓶，胡华子如数家珍："看那个裂口，是钝器敲打致死的；心脏上那个孔，是被刀刺穿的……"由于身份特殊，胡华子参与了成华区内十多年来所有命案的勘查侦破工作，是无数大案重案的头号功臣。"我越是接触更多的血腥，就越是要让市民身边减少血腥。"他说。

艺高胆大敢为先

1997年某一天，有人在成华区铁路边发现一名孩童的尸体。由于死亡时间已久，血液、指纹鉴定之类的手段，已经无法实施。面对前来认领这具尸体的几对父母，民警一时无法判断谁才是孩子的亲人。

年轻的法医胡华子这时想到了DNA技术鉴定法。尽管DNA技术鉴定，如今早已广泛运用于刑事案件的侦破，但在1997年，这项技术并不成熟。当时，许多人对这项技术鉴定，仍然心存疑虑。

然而初生牛犊不怕虎，胡华子决意一试。他当即取出解剖工具，用手术刀在白骨上切下一小块骨松质。随后，他将提取物送到成都一家医院进行了DNA鉴定。结果，通过DNA鉴定，成功找到了去世小孩的父母。

与此同时，成华公安分局通过胡华子的鉴定结果，迅速锁定犯罪嫌疑人，一举破获了这起绑架撕票案。

这是国内首次运用DNA技术破案，中央电视台《东方时空》栏目将其作为全国公安系统运用基因技术成功破案的一个典型，进行了专题报道。这次鉴定，不仅让胡华子在警界声名大震，也提高了警界对应用发展这项新技术的热情和信心。

"将犯罪嫌疑人资料做成数据库，与全国DNA数据库比对，对侦破刑事案将是一个有力助推。"胡华子说。在已经平静的案发现场，将犯罪过程尽量还原；从杂乱无序的遗留物中，准确提取到物证；通过鉴定结论，为破案提供有用证据。

作为一名刑侦法医，胡华子每天都在挑战现场。从事法医工作近三十年来，用他的物证鉴定，协助破获的刑事案件不计其数。

一根探针破迷案

2006年3月14日，在府青路一套旧房中，一名中年男性死者浑身被绳索捆绑，上身赤裸，仅穿了一条秋裤，没穿内裤。背上十余处刀伤，清晰可见。屋内，除了几个凌乱的并不明显的脚印，再无其他痕迹。

这套旧房属于死者，但除了死者本人和其家属以外，很少有人知道。为什么凶手会知道这个地方？事发前，这套房屋一直闲置，无人居住，为什么死者会出现在这里？房间中的凌乱脚印是谁的？为什么死者死亡时，只穿着一条秋裤？死者死亡多久了？

胡华子并没有急于拿出镊子、手术刀等解剖工具，而是拿出一支温度计。温度计显示，屋内温度为十二摄氏度，比室外略高了大约两摄氏度。这是一个重要的线索，因为温度越高，通风状况越差，尸体腐败的速度也相应越快。胡华子在仔细观察了尸体后，得出了第一个结论：受害者死亡时间，应为此前三天左右。

对死者身上的十余处刀伤，胡华子进行了仔细检查。他拿出探针，开始仔细检查每一处伤口，这些刀伤无一例外都太规则了。而在一般的凶杀案中，受害人被刀刺入身体时，一定会挣扎，从而导致身体上留下不规则刀伤。胡华子想到了答案，他说："在刀刺入被害人身体前，被害人已经因为窒息死亡或濒临死亡，所以才不会挣扎。"

同时，胡华子根据散乱在屋内的脚印判断，涉案人员最少三人，其中一人为女性。①最后，在分析了死者上身赤裸，下身只穿了一条秋裤、没穿内裤的情况后，胡华子初步描绘出案件的整个过程：死者生前，与三名凶手中的那名女子来到这所旧房，可能是想与女子发生关系。不料，女子却另有打算，找来两名男子作为接应，对他实施抢劫后，想掐死他。在他已经没了动静之后，凶手又担心他还活着，继而用凶器在其背部刺了十余刀。

当月22日，三名犯罪嫌疑人被成华警方抓获归案，凶手交代的作案过程，和胡华子的描述几近相同。

同年5月，正是酷热难耐季节，跳蹬河一居民楼发生了一起命案，一名女子被杀死在出租屋内，尸体在二十多天后才被邻居发现。

当胡华子带领法医赶到现场，只见死者所在房屋，门窗完好。打开房门后，一股恶臭扑鼻而来。胡华子戴上口罩和手套，踩着搭建的石块，走到尸体前检查。每隔一个小时左右，他会到门外透透气，然后重新回来，继续检查。这一次在现场，他持续工作了八个小时。根据胡华子提供的现场检查结论，警方锁定犯罪嫌疑人——死者的丈夫。十多天以后，凶手落网。

2007年底，府青路一家按摩店女老板张某，横尸卧室，背部三处刀伤，房间里一片凌乱。经过现场勘查，案侦民警断定为他杀，死亡时间在八小时前。

凶手是谁？原因是什么？正在案侦民警一筹莫展时，房间里一只蚊子"嗡嗡"飞过，胡华子一巴掌把蚊子拍死，对蚊子血液进行DNA

---

① 杨炯：《神探胡华子：挑战每一个现场》，《华西都市报》，2007年3月24日。

鉴定：蚊子吮吸的人血，与死者并不相符，可能是嫌疑人的血液。警方很快锁定了嫌疑人马某，并抓获归案。

果然不出所料，马某对犯罪事实供认不讳：他与按摩店女老板张某进行交易后，两人攀谈十分投机，他不小心将自己一个月前抢劫杀人的事情说了出来。谁知张某听了顿时神情大变，眼里充满了恐惧。马某见了，担心她会举报自己，于是就将其杀害。

比对推理巧还原

2009年1月19日上午，驷马桥水果市场门口，出现一辆怪异的红色现代车，车窗没关，车胎无气，没有车牌照，也没有驾驶员。警方随后在车上发现，一名牛仔裤被脱至大腿处、双手被透明胶带反绑的年轻女子已经死亡。除了女尸乳房上一点细微口腔脱落物，没留下任何其他线索。

"死者系被人勒颈致机械性窒息死亡。"胡华子初步检验后认为，驾驶室车顶的蹬踏痕迹和点状血迹，与死者高跟鞋上的血迹吻合；死者头面部有多处拳脚类打击损伤，口部由胶带缠绕，颈部由铁丝紧密缠绕，加之裤子被脱下，初步判定凶手应为控制力中等的男性，且实施了性侵犯。

胡华子从车上找到一块"陕"字开头的车牌照。这是寻找死者身份的唯一线索。随后终于查到死者身份：她二十多岁，姓苏，陕西镇安人，红色现代车是她在陕西镇安驾驶的出租车。另查明，1月17日下午，她给男友打电话说要出车，之后便离奇失踪。警方调取高速公路监控看到，苏某进入高速公路口时，副驾位置上坐着一名年轻男子。家人没想到，苏某竟然驱车千里到成都，又不明不白遭遇不幸。

"有八九成把握确认凶手是男性。"胡华子说。但仔细搜索，车内没有任何可寻迹破案的线索。在女尸下身，除了部分指纹，并没提取到任何物证。心细的胡华子发现其左乳头上，有细微的口腔脱落物，从里面的细胞里检验出男性DNA。除了猜测凶手是男性外，此案陷入了僵局。

2月12日下午，沙河电子科大段，漂来一具男尸，经尸检判断系溺水身亡，大约死于十多天前。胡华子检查时发现，除了身上几百元现金外，男子裤兜内有一把匕首，右上衣口袋有一张烂纸条，拼凑出来，竟是一张彩票，是1月15日在陕西镇安购买的。

镇安？那女尸不就是镇安人么？胡华子随后在男子右裤兜内发现一把现代汽车钥匙，断定此男子与女尸有关。果不其然，汽车钥匙打开了那辆红色现代车。胡华子立即提取男尸身上的DNA，检验结果与从苏某身上提取口腔脱落物的DNA完全一致。

于是，四十三岁的胡华子，在没有抓获凶手、没有一个证人、没有一句口供的困境下，巧妙地通过DNA比对，将这两起看似无关的"无头案"串联在一起，从而成功侦破一起跨省杀人案——男尸就是抢劫杀害女尸的真凶！

据查，男尸姓叶，二十多岁，是一名吸毒人员。1月17日将苏某骗至成都后，抢走其钱财，又对其进行性侵犯后杀害。

没有抓获凶手，没有嫌疑人口供，一起恶性凶杀案就以这样戏剧性的结尾告破了。

另类生活是常态

对许多人来说，法医一直是一个神秘的职业。对于这点，胡华子笑言："其实，这没啥好神秘的。"

"我的妻子是医务工作者，我经常和她交流；我儿子很小的时候，对人体骨骼器官就很熟悉了！"胡华子说。

因为工作缘故，他有时候十天半个月不能回家。以前每次一回家，儿子几乎都会问他同一个问题："爸爸，你是不是又去现场了？"对于这个问题，胡华子从来不回避。他甚至会借机给儿子讲解一些人体生理知识。久而久之，儿子也变得"专业"起来了。

"这是科学，儿子感兴趣，从小我就讲给他听了。"当胡华子说起这些时，目光显得柔和起来，与之前的庄重犀利完全不一样。

逆境才女张靓颖

2005年7月，那个被歌迷称之为"疯狂"的夏天，张靓颖凭借出众的唱功和当年一百三十五万短信票数，获得"超级女声"全国季军。她是那一届"超级女声"出现的一名非常有特色的歌手，现在也是国内的实力派歌手。

她的海豚音清澈明亮，充满力量，触动灵魂，她因此备受追捧，还被称为"海豚音公主"。成名以后，张靓颖并没有满足于当一名歌手，她多次参加有意义的社会活动，积极回馈社会。

佛不度人人自度

1984年10月11日，张靓颖出生于原驷马桥路5号，成都交通医院的隔壁。自两岁起，她在昭觉寺里度过了四年时光，听惯了寺院里的佛歌梵诵和晨钟暮鼓。关于这一段童年经历，张靓颖并不讳言。2007年9月，她出席意大利足球明星罗伯托巴乔中国行欢迎晚宴时，曾谈兴大开。

"我整个童年，都是在庙子里度过的。从两岁开始一直到六岁，几乎每天都在庙子里，成都的昭觉寺。我外公外婆是信佛的。我要跟着他们去庙里，下午回家。一个月内，只有那么四五天不去寺院。所以当人们问我什么时候开始接触音乐，或者最早何时开始听音乐，我都回答是在童年的庙宇里，听和尚们唱经。"她说。①

张靓颖的童年，无疑是艰难的。大约小学一年级时，父母就离婚了。张靓颖坦言，那时候对父母的离婚没有什么概念，只觉得爸爸开始好长时间才回一次家。张靓颖感觉从小学到初中，生活中就如同没有了父亲一样。她还记得，在生日那天，爸爸还说错了她的岁数，竟然忘记女儿年龄多大了。

她每个月去爸爸家领一百块钱生活费，为此受尽了继母的白眼。这让她很难受，她因此毅然决然去酒吧唱歌，宁愿不要那一百块钱。

父亲介意她是女孩，而奶奶也只喜欢男孩，所以小时候的张靓颖在家里特别没地位。哥哥们再怎么调皮，就算打烂了什么东西，都没有关系。而她要是犯了一点小错，奶奶就会跟妈妈告状，妈妈也因此与奶奶关系不好。

这些成长经历，让张靓颖学会了坚强。后来她对媒体坦言，她的童年生活并没有外界想象的那么艰难，因为妈妈很爱她，给了她一个快乐的童年。她从小是个五音不全的孩子，嗓门很大，又爱唱歌，妈妈并没有阻挠，而是让张靓颖随心所欲地唱歌。每次张靓颖在家里飙海豚音的时候，妈妈都会为张靓颖默默关上门窗，因为怕打扰到邻居。

十一岁时，张靓颖开始接触英文歌曲，迪士尼动画片《美女与野兽》的主题曲 Beauty And The Beast 是她的英文启蒙。成名之前，她以西洋灵魂及爵士音乐见长，而且有多年酒吧演唱经历。作为一名非

---

① 老实念佛的博客：《张靓颖整个童年都在寺庙里度过》，2010年4月5日，网址：http://blog.sina.com.cn/yzrs000。

专业歌手，她所演唱的英文歌曲，曲和词的处理都非常得当，她的声线也比较适合这类歌曲。有人认为，张靓颖对歌曲的理解能力、诠释能力，都远远超过一般选手。其实，她的英文基础，就是在那时候打下的。

张靓颖从小就很懂事。她刚上中学时，妈妈由于过度劳累，住进了医院。那时，张靓颖的英文歌唱得已经非常棒了，妈妈最喜欢听她唱英文歌。于是，她每天放学后，就到医院给妈妈唱歌。

爸爸下班后去接她，父女俩坐公交车回家。由于太累，爸爸竟然睡着了，她在一旁自顾自地玩着。突然，她发现爸爸的鞋子破了一个洞，她清楚地看见爸爸的脚趾。她觉得很好笑，但也感到心疼。她暗暗发誓，总有一天她要用自己赚的钱，给爸爸买一双鞋。

第二天早晨，爸爸将小靓颖送到学校后，去上班，还没走多远，突然就晕了过去。醒来时，他已经躺在医院了。张靓颖赶到医院，刚到病房外头，她就听见外婆正在劝爸爸要好好治病。现在医学很发达，听说癌症只要好好接受治疗，有些人甚至可以多活五六年；但是，如果不治疗而让它急速恶化的话，恐怕一个月都撑不了。"现在靓颖的妈妈也住在医院，你应该为孩子着想。如果你们两个都倒下了，你说孩子该怎么办？"

爸爸个性坚强，尽管得了肺癌，他仍拖着病痛的身体，苦苦支撑着两个艰难的家。终于，他不行了，在无数次昏倒又爬起来之后，他再次住进了医院。就这样，不到十四岁的张靓颖，挑起了家庭的重担。她要照顾两个病人。她忙完这头忙那头，煮饭、熬药更是家常便饭，但最烦恼的还是去借钱，替父亲交纳住院费。

她过早地品尝到了苦难人生的种种滋味。有一次，为筹措爸爸的医疗费，她东借西借，亲戚朋友都借遍了，最后还差一百二十七元。素来在同学面前很要强的她，终于开口在三个同学那里凑够了钱。

交完费用后，她坐在医院外的阶梯上，凝视着白云飘移的天空，泪落如雨。重压之下生命的疲乏和悲凉，如同潮水一样将她淹没。

一举成名天下知

1998年，十四岁的张靓颖首次在酒吧演出。她登台歌唱，将爵士乐诠释得淋漓尽致，歌声清亮圆润，被圈内人惊为天籁之音，她一举获得成都市"爱浪杯"歌唱比赛亚军。

但父亲的病情却更加恶化了，最终在第二年去世。屋漏偏逢连夜雨，母亲也下岗失业，家中生活变得愈发艰难了。

张靓颖主动扛起家庭经济的重担。业余时间，她便到成都音乐房子酒吧唱歌，以此维持生计。在参加"超级女声"之前，她一直在酒吧里当驻唱歌手。虽然在酒吧唱歌，但是她从来都是只喝水、不喝酒。有人劝酒，她也不喝；有人点歌，她也不予搭理。

2003年，张靓颖以自考身份，进入四川大学外国语学院学习。同年，参加全国大学生"统一冰红茶"歌手大赛，获得成都赛区第一名。次年，斩获全国大学生"统一冰红茶"歌手大赛全国总决赛冠军、"京都念慈庵"酒吧歌手大赛全国总冠军，同时拒绝了华纳唱片的合约。此时的张靓颖，已经摆脱当年艰难求生的处境，各方面都已大为改善。

在2005年度大众歌手选拔赛"超级女声"总决赛晋级过程中，张靓颖在舞台上面对苛刻批评，以及坚持只为喜欢自己歌声的人演唱的态度，使她迅速蹿升为这场公众参与选拔歌手赛事的"英雄"。凭借一百三十五万短信票数，她获得该节目全国季军。同年10月，签约华谊兄弟音乐公司和华友世纪公司；12月，成立个人独立品牌"海豚音乐工作室"。

第二年，发行首张专辑 The One，凭该专辑获得中国金唱片奖通俗类女演员奖。2007年，发行专辑 UPDATE*JANE，并在美国洛杉矶举行售票演唱会。2008年，她演唱的歌曲《画心》，获得第二十八届香港电影金像奖最佳原创电影歌曲奖。2009年，获得四川省和杭州市精神文明建设"五个一工程"奖。2010年，张靓颖成为首位亮相格莱美颁奖典礼的华人歌手。2010年起，张靓颖专辑《改变》《倾听》《第七感》《我相信》的发行范围，已经覆盖到中国港澳台地区及东南亚一些国家。

成华好人廖正华

2018年，成华区府青路街道八里庄社区法律援助中心接到一起普通的"抚养纠纷"，却因受援人父亲强硬、冷漠的态度，点燃了援助人廖正华的牛脾气。她硬是自掏腰包，数次奔波往返湖南，为受援人维护权益。

廖正华当过工人，做过采购员，下海经过商。致富以后，她帮困扶弱，热心公益；四十多岁时，她满怀服务大众的热情，担任八里庄社区书记。退休后，她在电视台做过普法节目，并成立了普法援助中心，继续发光发热，回馈社会。

千里奔波匡正义

成华区二级智力残疾人刘思琪，由于先天小脑发育不全，一岁零八个月时还不会走路，不能发声说话，没有同龄孩子的正常反应，十以内的数都数不清，而且小脑一直都未闭合。刘思琪一岁半时，其父母在成华区法院，经调解离婚。离婚后，思琪随母亲李翠一起生活，父亲刘建仁每月负担六十元抚养费，费用由刘建仁的单位——湖南省衡阳市中铁五局财务科代扣，该费一直扣到2016年12月。

2017年，抚养人刘建仁退休后，回到成都，但具体住址不详，养老金由湖南省衡阳市社保局发放。至此，刘建仁不再支付抚养费，并将刘思琪监护人李翠的电话拉黑。2018年初，李翠向成华区法律援助中心申请法律援助，诉请成华区法院执行刘建仁欠付的每月六十元抚养费。

指派的援助律师与刘建仁沟通时，对方强硬地说："刘思琪不是我的女儿，我的女儿叫刘思思！我离婚时女儿不残疾！刘思琪身份证上的年龄与刘思思不符！"之后，便不再理会。由于思琪的监护人李翠离婚后，确实将女儿刘思思的名字改为刘思琪，同时改了年龄，李翠只得撤诉。撤诉后，她向公安局提供了相关证据和证明材料，并说明当初变更名字和年龄的原因，是为了要进残疾人康复的特殊教育学校。成都市公安局又将刘思思的名字填进刘思琪户口本曾用名一栏，年龄改回实际年龄。

2018年7月，李翠再次到成华区法律援助中心申请，援助中心指派成华区圣灯法律服务所法律工作者廖正华承办。接案后，援助人廖正华拟将此"抚养纠纷"在起诉前调解，刘建仁态度仍然十分冷漠，以他女儿不叫刘思琪而拒绝调解，尔后将援助人联系方式拉黑，玩起人间消失。

此举激怒了廖正华，于是提议不再索要每月六十元抚养费，而是诉请每月将抚养费增加到一千元。廖正华说："本来这事情可以通过调解解决，但这种情况只能诉讼。"

廖正华首先带思琪到四川华西医科大学做鉴定。鉴定结果证实，思琪是先天小脑发育不全，而非后天致残。尔后，廖正华又自费亲自到湖南省衡阳市中铁五局查阅刘建仁婚后向单位计生办申办《准予生育证》的资料，资料上有夫妻双方的名字，证实了刘建仁是刘思琪的父亲；查阅刘建仁申办《独生子女证》上填写的子女名字，证实了刘思思是其女儿；查阅刘建仁每月领取养老金数额，证实了刘建仁有固定收入。鉴于李翠的《离婚书》上只有刘建仁的名字，而无身份证及户籍信息，廖正华求助湖南公安检索出刘建仁的户籍在湖南省耒阳市，援助人又赶往耒阳市法院立案。

同年10月9日，该案在湖南省耒阳市法院开庭审理，法院要求刘思琪必须到庭。由于耒阳无高铁，又无飞机场，往返一次要六天。于是，2018年10月5日凌晨，援助人、监护人带着刘思琪一行人从成都出发，风尘仆仆地东下湖南。经过三天辗转奔波，火车转汽车，终于抵达耒阳。

开庭前，廖正华做了充分准备，举证、质证，条条驳倒刘建仁的《答辩状》。援助人选用《中华人民共和国残疾人保障法》第一章第九条："对于没有民事行为能力和劳动能力的被抚养人，即使成年，抚养人有固定收入，仍应承担抚养义务。"被法庭采用。

法庭上，援助人廖正华用四川省民政厅编印的《民政法律法规规章汇编》原件，逐一驳翻了刘建仁提出的残疾人应由政府全额供养的谬论。她指出："政府对残疾人帮扶，并不能削减抚养人对被抚养人的责任。抚养人的责任，只能在其中一方死亡时才能消除。"获得法庭认可。27日，湖南省耒阳法院一审判令被告刘建仁，从2018年5月起，每月负担刘思琪八百零二元抚养费。判决生效后，被告刘建仁没有上诉。

在整个事件过程中，廖正华沉着冷静，对法律法规和不同时期的各项政策，都了若指掌，精熟于胸，最终有的放矢，游刃有余。翔实可靠的证据，使其提请的诉求，得到法院的支持，最终得以维护法律的正义，予被害人以公道。在她执着和坚定的行动背后，其实是执着的法律援助精神和一颗同情弱者的心！

同年12月15日，刘思琪及监护人李翠给成华区法律援助中心送去了一面鲜红的锦旗，锦旗上书：

　　　千里奔波不辞辛劳
　　　法律援助情暖人间

市场经济弄潮儿

1956年2月1日，廖正华出生于青白江区弥牟镇，下面有一个弟弟，父母亲为理发工人。1963年，廖正华就读于青白江区华严中心小学。1966年，母亲因病离世。从此，家中的负担只能落在父亲一人肩上，生活开始变得艰难。父亲脾气火暴，动不动就与人发生冲突，得罪于人，使得日子益发难过。廖正华说："我的母亲去世那年，我才十岁。那段日子是我一生中最困难的时期！"多年以后，忆及这些往事，她仍不免心动神伤。

1969年，廖正华到青白江区红卫中学读初中。那时候，青白江文化馆图书室平日里可自由出入。艰难而孤寂的童年，使得廖正华十分渴求知识，以此获得心灵的慰藉。她一头扎进书的海洋，现实的艰辛、成长的烦恼，皆随之烟消云散。她不喜欢数理化，却对历史文化类书籍兴致盎然。她博览群书，见书就读，如饥似渴，不知疲倦。

"后来我做普法工作的文化底子，大部分都是那时候打下来的。"她说。

1972年初中毕业，廖正华来到成都市建筑一公司，兢兢业业做了三年临时工人。1975年，到青白江集体商品贸易公司当学徒，不久，升任百货店柜台管理员。丰富的人生阅历，深厚的人文素养，使她对商品有一定的审美眼光。她凭自己的审美直觉，就知道哪些款式的商品会畅销，料之必中。她觉得自己应该发挥更大的作用，于是自告奋勇地对公司经理说："我要做采购员！"并说明自己做采购员的优势。

经理邓楚深受感染，便爽快地答应了她的请求。作为采购员，廖正华迅速发挥了自己的特长。她每次采购的货物都非常畅销。每次新货一上市，便被抢购一空。

在计划经济时代，商品的生产和上市，都有一定的配额要求，要每次都能采购到货物，并非易事。在廖正华之前，采购员经常空手而归。廖正华善于开拓、发展和维护人际关系，因此每次都能顺利进到货。无论是成都纺织百货站，还是各大区县百货站，别人拿不到的紧俏货，她都能迅速拿到。

1978年，计划经济纷纷开始转型，市场经济进展得如火如荼。不少最先"吃螃蟹"的人，也尝到了经济改革的甜头。但对于集体商品贸易公司来说，则是另一种境况了——竞争日趋激烈，利润急剧缩减，生存压力陡增。

1982年时，廖正华已经结婚生子，经济压力随之大了许多，微薄的工资已不足以应付家庭日常开支，时常入不敷出。她必须走出去，自谋生路，才能走出这种艰难的处境，于是她次年便申请停薪留职，开始个体经营。凭借多年积累的经验和人脉，她的生意做得顺风顺水。窘迫的经济情况，也迅速得到缓解。

当时，鉴于公司经营不佳，人心浮动，许多人都办理了停薪留职。一些人在此期间浑水摸鱼，拿走了公司一部分钱货，故意不结清。1984年12月，廖正华向单位申请辞职时，主动将所欠单位的钱账货，全部结清，受到公司的高度赞扬。这件事，她曾一度被人嘲笑为"瓜娃子"。但她不以为然，她说："人品是无价的。"

离开单位后，她继续在青白江个体经商，做纺织品批发和零售。她的生意越做越大，还经常去外省毛纺厂进货。1985年，工商局、税务局组织生意做得大的个体户进行普法学习。在学习过程中，她认识到自己存在一些欠税行为，这是她过去所不曾注意到的，于是主动补缴欠税。几年之后，她彻底改变了自己的命运，成为青白江第一个买房、买车，月收入过万元的"首富"。

服务大众因感恩

富裕起来之后，她第一个想到的便是回馈社会，在经济上帮扶困难群体、慰问孤寡老人、帮助贫困学生，并协助居委会做公益事业。为此，她自掏腰包近二十万元。1990年，她被一致推举为青白江大湾镇人大代表，成为青白江首位从票箱里跳出来的乡镇人大代表。1993年初，在青白江大湾镇人大代表大会上，又被推选为人民法院陪审员。

当坐上审判台时，她才意识到自己法律知识何其欠缺，于是报考四川省委党校函授学院大专班，学习法律知识。结业后，她被青白江司法局聘为人民调解员和西蜀律师事务所助理员。这个时候，她服务大众、回馈社会的愿望更加热烈了。

▲ 廖正华（右一）参加成华区府青路街道老年人协会活动　廖正华供图

2001年，见成华区公招社区干部，她毅然决然放弃了生意，考取了八里庄社区干部。尽管月薪只有两千元左右，但她仍乐此不疲。在二十多年里，无论经商，还是做社区干部，廖正华对公益事业的热情，始终如一。

"说实话，当干部，纯粹是想服务大众，回馈社会。"她说，"1966年，我的母亲就去世了，那年我才十岁。在那段我最困难的日子里，身边无数双温暖的手拉了我一把。当我有能力的时候，必当涌泉相报。"

考上成华区公招社区干部时，廖正华已年过不惑。但在她身上，却迸发出巨大的工作热情。进院落、解矛盾、治理社区环境。由于工作出色，2004年12月，升任社区书记。

"有困难就找廖大姐"，在八里庄社区广为人知，使她成为群众眼中的"及时雨"。

一天早晨，社区居民张邦先找到廖正华，急切地说："廖大姐，我又来找你了。那次你帮我家解决了我弟弟进福利院的问题，今天你还要帮帮我，福利院要涨价，我家

▲ 廖正华荣获"成华榜样"称号
廖正华供图

五姐弟里好几个都是下岗工人，经济上实在承受不起。"

"你不要着急，你家里的情况我清楚。"廖正华拉起张邦先的手说，"先让社区给你们开个证明，你交给福利院看能不能减免费用。如果不管用，我就陪你一起去福利院协调。"张邦先听了，笼罩在脸上的愁色，随之消散无影。

这样的事例，在八里庄社区还有很多。不管是社区常住居民，还是流动人口，只要住在八里社区的群众有困难，廖正华都有求必应，并总能迅速解决问题。

2009年10月，居住在八里庄社区的流动人员石军、彭小平夫妇，

因为交通事故双双受伤。丈夫石军受伤严重，下肢瘫痪，而妻子彭小平也只能拄着拐杖行走，生活也没了经济来源。两人愁眉苦脸，唯有每日哀叹。廖正华得知这一情况后，立即与石军夫妇户籍所在地取得联系，帮助妻子彭小平申办低保。"现在我的低保，一个月可以拿三百六十七元。"

"如果没有廖大姐，我们真的没有生活的勇气了。"彭小平在丈夫石军的病床前说着，眼泪便顺着面颊流了下来。

2012年春节，廖正华让儿子开车带她去了趟省女子监狱，探望自己辖区里的两位服刑人员。"她们都没有父母亲人，我担心逢年过节没有人去探望，因此每年过年都会去看望她们，陪她们拉拉家常，也送上一份小礼物。"

廖正华在八里庄社区工作了十一年，从一名普通社区工作人员，升任为居委会副主任、支部书记，最后当选为社区党总支书记。这里，留下了她人生中最难忘的记忆。十一年间，几乎每个除夕，她都在辖区内武警消防中队和战士们一起度过。她自己的孩子也是一名武警战士，春节时不能陪在自己身边，她把辖区内的武警官兵当成了自己的孩子。

"有一年腊月三十当天，我的孩子回家，原本是想给我个'惊喜'，所以没告诉我。他回家后，我却不在，结果还是在楼下门卫家吃的团年饭。"一提到这件事，廖正华就觉得对不起他。母子俩有时候一两年才能见一次面。"但社区许多工作，春节期间不能搁下，所以很多时候还是儿子在帮我，慰问空巢老人时，儿子当背夫；探望服刑人员时，儿子又成了司机。"

为了街道整改和环境美化，她无数次与各大老厂对接，苦口婆心讲道理，想方设法搞调解，在她工作期间，八里庄社区面貌发生了翻天覆地的变化。她硬是将八里庄这样一个全区落后的社区，打造成为成都市社区的一张名片，各项工作都名列成都市社区前茅，并多次接待省内外社区工作考察团，来此交流学习。2009年，八里庄荣获"国家级示范社区"称号。同年，她也获得"成都市劳动模范"的荣誉称号。

"书记婆婆"调解员

在从事社区工作期间，廖正华一直没有放弃读书学习。因执业所需，她通过全国司法考试，考取了法律工作执业证。2006年，她成为首批被成都市法律援助中心聘请的成都市法律援助爱心大使。

自2001年从事社区工作以来，她与社区居民结下了深情厚谊。2014年11月，廖正华退休后，主动承担了府青路街道老年人协会和八里庄社区法律服务工作，并先后担任成都电视台《法治公开课》栏目特邀人民调解员、四川电视台《幸福在哪里》《非常话题》两个栏目的特邀嘉宾调解员。

廖正华是八里庄社区法律服务工作室的负责人。工作室里设有四川省妇女儿童维权点，接待妇女儿童维权。她是社区里的"调解明星"。平时，除了为居民调解矛盾之外，她还定期组织开展普法讲座，从《婚姻法》《老年人权益保障法》，到如何拒绝高利诱惑、远离非法集资，让群众了解其中的法律知识，学会防范方法。截至2019

年，她先后为社区居民暂住人口调解各类纠纷一百一十余起，挽回经济损失一百九十余万元。

原驷马桥路居民武银萍老人，三个子女相继因吸毒死亡，留下三个孤儿，其中一个是未婚生育未上户的孙女。廖正华不仅多方奔走，为其上户，还为三个孩子寻求"希望工程"帮扶款。如今，三个孩子都已中专毕业，走上了工作岗位。2013年，武银萍老人因病去世前，最放心不下的就是三个孩子。廖正华对卧病在床的武银萍说："放心吧，社区就是他们三个娃娃的家，今后我就是他们的婆婆！"老人听了，才放下心来，而后安详离世。后来，三个孩子无论遇到什么事，都会来找廖正华商量，亲切地称她为"书记婆婆"。

2018年8月，外来打工妹刘芳请求社区调解，称准备与在银行工作的丈夫苏伟离婚，生育的一对双胞胎，男女双方各抚养一个，因她是外来打工妹，收入差，要求男方一次性给付随女方生活的男婴三十万元抚养费。男方称害怕给女方钱以后，女方不去离婚；女方害怕离婚后，男方不给钱。最后，双方在社区达成调解协议，此款先打入廖正华个人账户，双方到民政局离婚后，廖正华再将此款打入刘芳的账户。事后，根据女方离婚后的实际困难，廖正华还协助她办理享受了成都市的"住房保障政策"，维护了母子俩的权益。

灵巧的调解工作方法、热情洋溢的援助精神，以及深厚博大的同情心，使她得到社会认可，赢得广泛赞誉。2018年，廖正华被评为"社区志愿服务十大感动人物"；2019年，荣获第七届"成华榜样"。

（由于涉及隐私，除廖正华外，其余人皆用化名）

后记

　　笔者怀着对历史的敬畏之心，在尘封的资料和当地人的叙述中，寻找府青路这片土地的历史记忆。经过近一年的查阅和走访，提析出了大量素材，力求真实完整地呈现府青路的文化历史形貌，并发掘出深植于其中的文化气质和精神传承。

　　物化的实体和抽象的精神，往往是故事结合的原点，如何利用这些素材讲好故事值得研究。府青路是成都东郊现代工业文明建设的重地，因此府青路的故事，大部分是关于工厂和建设者的故事。原成都冶金实验厂中心实验室工程师胡均国的故事，让笔者尤为动容。他的遭遇与追求，与国家命运联系在一起，是那一段历史的缩影。在过去的半个多世纪，府青路社区里这样的人、这样的故事几乎每天都在上演，最终汇聚成东郊的辉煌史诗。

　　本书的组稿编辑工作，得到了张义奇主编、蒋松谷执行主编的悉心指导和帮助，在此衷心感谢！

　　感谢成华区府青路街道办在本书编写过程中提供的帮助和支持！

　　本书极尽可能地展示史料的刚性魅力。全书分为历史与传说、铁路和工厂、街巷记忆、名人逸事四个部分，近十万字，插图二十余幅，所能代表的也不过是府青路历史文化之碎片。由于时间仓促，水平有限，书中难免存在疏漏之处，敬请方家批评指正，并提出宝贵意见。

2019年8月